广州城市智库丛书

广州城乡融合发展的理论与实证分析

郭艳华　邱志军　尹绣程◎著

中国社会科学出版社

图书在版编目（CIP）数据

广州城乡融合发展的理论与实证分析／郭艳华等著.—北京：中国社会科学出版社，2022.9

（广州城市智库丛书）

ISBN 978-7-5227-0903-1

Ⅰ.①广… Ⅱ.①郭… Ⅲ.①城乡建设—区域经济发展—研究—广州 Ⅳ.①F299.276.51

中国版本图书馆 CIP 数据核字（2022）第 178953 号

出 版 人	赵剑英
责任编辑	喻 苗
责任校对	胡新芳
责任印制	王 超

出 版	中国社会科学出版社
社 址	北京鼓楼西大街甲 158 号
邮 编	100720
网 址	http://www.csspw.cn
发 行 部	010-84083685
门 市 部	010-84029450
经 销	新华书店及其他书店
印 刷	北京明恒达印务有限公司
装 订	廊坊市广阳区广增装订厂
版 次	2022 年 9 月第 1 版
印 次	2022 年 9 月第 1 次印刷
开 本	710×1000 1/16
印 张	16.5
插 页	2
字 数	207 千字
定 价	86.00 元

凡购买中国社会科学出版社图书，如有质量问题请与本社营销中心联系调换
电话：010-84083683
版权所有　侵权必究

《广州城市智库丛书》
编审委员会

主　任　张跃国

副主任　杨再高　尹　涛　许　鹏

委　员（按拼音排序）

　　　　白国强　蔡进兵　杜家元　方　琳　郭艳华　何　江
　　　　何春贤　黄　玉　罗谷松　欧江波　覃　剑　王美怡
　　　　伍　庆　杨代友　姚　阳　殷　俊　曾德雄　曾俊良
　　　　张赛飞　赵竹茵

总　　序

何谓智库？一般理解，智库是生产思想和传播智慧的专门机构。但是，生产思想产品的机构和行业不少，智库因何而存在，它的独特价值和主体功能体现在哪里？再深一层说，同为生产思想产品，每家智库的性质、定位、结构、功能各不相同，一家智库的生产方式、组织形式、产品内容和传播渠道又该如何界定？这些问题看似简单，实际上直接决定着一家智库的立身之本和发展之道，是必须首先回答清楚的根本问题。

从属性和功能上说，智库不是一般意义上的学术团体，也不是传统意义上的哲学社会科学研究机构，更不是所谓的"出点子""眉头一皱，计上心来"的术士俱乐部。概括起来，智库应具备三个基本要素：第一，要有明确目标，就是出思想、出成果，影响决策、服务决策，它是奔着决策去的；第二，要有主攻方向，就是某一领域、某个区域的重大理论和现实问题，它是直面重大问题的；第三，要有具体服务对象，就是某个层级、某个方面的决策者和政策制定者，它是择木而栖的。当然，智库的功能具有延展性、价值具有外溢性，但如果背离本质属性、偏离基本航向，智库必会惘然自失，甚至可有可无。因此，推动智库建设，既要遵循智库发展的一般规律，又要突出个体存在的特殊价值。也就是说，智库要区别于搞学科建设或教材体系的大学和一般学术研究机构，它重在综合运用理论和知识分析研判重大问题，这是对智库建设的一般要求；同时，具体到一家智库个体，又要依据自身独一无二的性质、类型和定位，塑造独特个性和鲜明风格，占据真正属于自己的空间和制高点，这是智库独立和自立的根本标志。当前，智库建设的理论和政策不一而足，实践探索也呈现出八仙过海之势，这当然有利于形成智库界的时代标签和身份识别，但在热情高涨、高歌猛进的大时代，也容易盲目跟风、漫天飞舞，以致破坏本就脆弱的智库生态。所以，我们可能还要保持一点冷静，从战略上认真思考智库到底应该怎么建，社科院智库应该怎么建，城市社科院智库又应该怎么建。

广州市社会科学院建院时间不短，在改革发展上也曾经历曲折艰难探索，但对于如何建设一所拿得起、顶得上、叫得响的新型城市智库，仍是一个崭新的时代课题。近几年，我们全面分析研判新型智库发展方向、趋势和规律，认真学习借鉴国内外智库建设的有益经验，对标全球城市未来演变态势和广州重大战略需求，深刻检视自身发展阶段和先天禀赋、后天条件，确定了建成市委、市政府用得上、人民群众信得过、具有一定国际影响力和品牌知名度的新型城市智库的战略目标。围绕实现这个战略目标，边探索边思考、边实践边总结，初步形成了"1122335"的一套工作思路：明确一个立院之本，即坚持研究广州、服务决策的宗旨；明确一个主攻方向，即以决策研究咨询为主攻方向；坚持两个导向，即研究的目标导向和问题导向；提升两个能力，即综合研判能力和战略谋划能力；确立三个定位，即马克思主义重要理论阵地、党的意识形态工作重镇和新型城市智库；瞄准三大发展愿景，即创造战略性思想、构建枢纽型格局和打造国际化平台；发挥五大功能，即咨政建言、理论创新、舆论引导、公众服务、国际交往。很显然，未来，面对世界高度分化又高度整合的时代矛盾，我们跟不上、不适应的感觉将长期存在。由于世界变化的不确定性，没有耐力的人常会感到身不由己、力不从心，唯有坚信事在人为、功在不舍的自觉自愿者，才会一直追逐梦想直至抵达理想的彼岸。正如习近平总书记在哲学社会科学工作座谈会上的讲话中指出的，"这是一个需要理论而且一定能够产生理论的时代，这是一个需要思想而且一定能够产生思想的时代。我们不能辜负了这个时代"。作为以生产思想和知识自期自许的智库，我们确实应该树立起具有标杆意义的目标，并且为之不懈努力。

智库风采千姿百态，但立足点还是在提高研究质量、推动内容创新上。有组织地开展重大课题研究是广州市社会科学院提高研究质量、推动内容创新的尝试，也算是一个创举。总的考虑是，加强顶层设计、统筹协调和分类指导，突出优势和特色，形成系统化设计、专业化支撑、特色化配套、集成化创新的重大课题研究体系。这项工作由院统筹组织。在课题选项上，每个研究团队围绕广州城市发展战略需求和经济社会发展中重大理论与现实问题，结合各自业务专长和学术积累，每年年初提出一个重大课题项目，经院内外专家三轮论证评析后，院里正式决定立项。在课题管理上，要求从基本逻辑与文字表达、基础理论与实践探索、实地调研与方法集成、综合研判与战略谋划等方面反复打磨锤炼，结项仍然要经过三轮评审，并集中举行重大课题成果发布会。在成果转化应用上，建设"研究专报＋刊物发表＋成果发布＋媒体宣传＋著作出版"组合式转化传播平台，形成延伸转化、彼此补充、互相支撑的系列成果。自2016年以来，广州市社会科学院已组织开展40多项重大课题研究，积累了一批具有一定学术价值和应用价值的研究成果，这些成果绝大部分以专报方式呈送市委、市政府作为决策参考，对广州城市发展产生了积极影响，有些内容经媒体宣传报道，也产生了一定的社会影响。我们认为，遴选一些质量较高、符合出版要求的研究成果统一出版，既可以记录我们成长的足迹，也能为关注城市问题和广州实践的各界人士提供一个观察窗口，是很有意义的一件事情。因此，我们充满底气地策划出版了这套智库丛书，并且希望将这项工作常态化、制度化，在智库建设实践中形成一条兼具地方特色和时代特点的景观带。

感谢同事们的辛勤劳作。他们的执着和奉献不但升华了自我，也点亮了一座城市通向未来的智慧之光。

广州市社会科学院党组书记、院长

张跃国

2018 年 12 月 3 日

前　言

实施乡村振兴战略，促进城乡融合发展，建立健全城乡融合发展体制机制和政策体系，是党的十九大作出的重大战略部署，是当前"三农"工作的总抓手。2019年5月，中共中央、国务院颁布《关于建立健全城乡融合发展体制机制和政策体系实施意见》；2019年12月，国家发展和改革委员会、中央农村工作领导小组办公室、农业农村部等18个部门联合印发《国家城乡融合发展试验区改革方案》，并公布11个国家城乡融合发展试验区名单，广东广清接合片区为广东省唯一的一个试验区；2020年5月，广东省委、省政府印发《广东省建立健全城乡融合发展体制机制和政策体系的若干措施》。国家、省关于城乡融合发展相关政策文件的出台，为广州城乡融合发展指明了方向，提供了根本遵循。2020年10月26—29日召开的党的十九届五中全会提出，优先发展农业农村，全面推进乡村振兴，走中国特色社会主义乡村振兴道路，全面实施乡村振兴战略，强化以工补农、以城带乡，推动形成工农互促、城乡互补、协调发展、共同繁荣的新型工农城乡关系，加快农业农村现代化。

中国全面建成小康社会以后，开启了社会主义现代化新征程和第二个百年奋斗目标进程。建设现代化需要补农业农村发展的短板，而促进城乡融合发展，就是在工业化、城市化进程中，实现城市带动农村，工业支援农业，城市和农村相互赋能、相互加持，构建城乡融合发展新格局。改革开放特别是党的十八大以来，广州在统筹城乡发展、推进新型城镇化方面取得了显著进展，但城乡要素流动不顺畅、公共资源配置不合理等问题依然突出。为重塑新型城乡关系，走城乡融合发展道路，促进乡村振兴和农业农村现代化，迫切需要加强对其进行研究。广州作为国家重要中心城市，在加快推进现代化国际大都市建设中，最艰巨、最繁重的任务在农村，最大的潜力和后劲也在农村，广州实施乡村振兴战略，必须把加快推进城乡融合发展作为重要突破口。

通过开展本项研究，可为广州市缩小城乡发展差距，促进城乡要素自由流动、平等交换和公共资源合理配置，加快形成工农互促、城乡互补、全面融合、共同繁荣的新型城乡关系，加快推进农业农村现代化提供科学思路与建议。

目 录

第一章 城乡融合发展的理论基础 …………………………（1）
 一 城乡融合发展的理论溯源 …………………………（1）
 二 城乡融合发展的内涵与特征 ………………………（11）
 三 城乡融合发展的现实意义 …………………………（15）
 四 城乡融合发展的动力机制 …………………………（18）
 五 城乡融合发展的趋势与展望 ………………………（22）

第二章 改革开放以来广州城乡融合发展历程 ……………（27）
 一 "城市偏向"发展阶段（1978—2000年）…………（27）
 二 统筹城乡发展阶段（2000—2009年）……………（37）
 三 城乡一体发展阶段（2009—2017年）……………（47）
 四 城乡融合发展阶段（2017年至今）………………（61）

第三章 广州城乡融合发展的主要成效 ……………………（71）
 一 城乡融合发展的政策创新不断加强 ………………（71）
 二 乡村产业融合实现良好开局 ………………………（73）
 三 农村基础设施补短板取得新进展 …………………（77）
 四 城乡公共服务均等化成效显著 ……………………（79）

第四章 城乡融合发展存在的短板制约及深层原因分析 ……………………………………………… (83)
一 实现城乡要素双向流动面临困境 ……………… (83)
二 城乡基本社会公共服务尚未实现普惠共享 …… (86)
三 城乡基础设施建设与管护存在差距 …………… (91)
四 农村经济发展面临诸多挑战 …………………… (93)
五 区域发展不平衡，城乡居民收入差距大 ……… (95)
六 城乡融合发展短板深层原因分析 ……………… (98)

第五章 城乡融合发展水平测度 …………………… (102)
一 城乡融合发展水平比较指标体系构建 ………… (102)
二 国内重点城市城乡融合发展水平比较 ………… (105)

第六章 广州城乡融合发展的总体思路 …………… (126)
一 一个核心：体制机制创新 ……………………… (126)
二 两大重点：城乡产业融合、公共服务均等化 …… (128)
三 三大突破口：城乡要素流动、新型城乡关系、农村土地管理 ……………………………………… (130)
四 四大转变 ………………………………………… (134)

第七章 广州城乡融合发展的实现路径 …………… (136)
一 构建城乡要素合理配置体制机制 ……………… (136)
二 推动乡村经济多元发展 ………………………… (142)
三 促进城乡基本公共服务普惠共享 ……………… (148)
四 加快农村基础设施规划与布局建设 …………… (153)
五 不断拓宽农民收入持续增收渠道 ……………… (157)

第八章 广州城乡产业融合发展实施工程 …………………… (160)
  一 守好"米袋子" ……………………………………… (161)
  二 优化"菜篮子" ……………………………………… (162)
  三 拓展禽畜养殖业 …………………………………… (165)
  四 发展水产养殖业 …………………………………… (167)
  五 提升花卉产业 ……………………………………… (168)
  六 培优岭南水果种植 ………………………………… (170)
  七 培训粤菜师傅 ……………………………………… (171)
  八 开拓乡村旅游业 …………………………………… (172)

第九章 城乡融合发展的国内外经验借鉴与个案分析 … (174)
  一 城乡融合发展的国外经验借鉴 …………………… (174)
  二 城乡融合发展的国内经验借鉴 …………………… (180)
  三 对广州城乡融合发展的有益启示 ………………… (189)
  四 广州市增城区城乡融合发展个案分析 …………… (194)

附 "广州促进城乡融合发展的总体思路与战略研究"
  专家调查问卷整理 ……………………………………… (204)

参考文献 …………………………………………………………… (240)

后 记 ……………………………………………………………… (247)

第一章 城乡融合发展的理论基础

一 城乡融合发展的理论溯源

（一）国外学者对于城乡关系的论述

城乡融合是城乡关系演进高级阶段。城乡关系是社会生产力发展到一定水平时出现社会大分工的产物。从发展规律来看，城市与农村、工业与农业的关系，是一个国家或区域现代化进程中必须处理好的重要社会关系。西方经济学在资本主义制度框架内，从资源配置角度着手，研究城乡之间的发展差距，分析具体发展路径。由于理论流派众多，研究范式各异，现从城乡发展的规划性视角、二元性视角、区域性视角、公平性视角和融合性视角，进行系统论归纳分析。

1. 城市规划视角下的城乡发展理论

资本主义的工业化和城市化发展导致了城乡矛盾的激化，早期城乡关系理论主要强调消除城乡对立，强调城乡区域统一发展。代表性理论有埃比尼泽·霍华德的"田园城市"理论和刘易斯·芒福德的"区域统一体"理论。

1898年，英国城市学家埃比尼泽·霍华德在《明日——一条通向真正改革的和平之路》一书提出了"田园城市"理论，倡导"用城乡一体的新社会结构形态来取代城乡对立的旧社会结构形态"，并绘制了著名的三磁铁图，认为城市本身具有吸引

2　广州城乡融合发展的理论与实证分析

人的磁力导致城市人口聚集,强调应该把城市与外围乡村作为一个整体来分析,对资金来源、土地分配、城市财政收支和运作机制进行科学管理,形成兼具城市和乡村优点的理想城市,即"田园城市"。该理论突破传统城市结构和布局的思维,倡导全面社会改革思想,对西方国家城市规划发展产生了很大和深远的影响。① 美国著名城市学家刘易斯·芒福德(1989)在其著作《城市发展史:起源、演变与前景》中指出:"城与乡,不能截然分开,城与乡,同等重要;城与乡,应该有机结合在一起。"他主张通过设立新的城市中心构成更大的"区域统一体",重建城乡之间的平衡,以最终实现霍华德主张的"田园城市"发展模式。②

2. 二元经济视角下的城乡发展理论

20世纪50年代以前,传统经济理论在单一经济框架内分析经济增长问题,强调经济的稳态和均衡,与发展中国家的现实情况有着较大差距。自刘易斯提出二元经济理论,结构变动对经济发展的推动作用不断强化,城乡关系研究进入了新的阶段,引发了发展经济学的深刻革命。

1954年,英国经济学家阿瑟·刘易斯在《劳动无限供给条件下的经济发展》一文中提出了"二元经济结构"理论思想,并被后人称为"刘易斯模式"(无限供给模式)。他认为发展中国家存在着"传统"和"现代"两个部门经济,由于现代部门的高工资水平和快速扩张,传统农业部门"剩余劳动力"会被现代部门全部吸纳。刘易斯二元经济理论充分重视城市工业的作用,认为经济发展的实质就是通过不断扩大现代工业部门,为传统农业部门剩余劳动力提供就业机会的过程。③ 1961年,美

---

① 王英:《浅析霍华德的田园城市理论》,《潍坊学院学报》2011年第11卷第1期。
② 杜漪:《构建和谐城乡关系的经济学研究》,博士学位论文,西南财经大学,2006年。
③ 周凯:《中国城乡融合制度研究》,博士学位论文,吉林大学,2012年。

国经济学家拉尼斯和费景汉在《劳动过剩经济的发展：理论和政策》一书中形成了"刘易斯—拉尼斯—费景汉"模型，指出传统农业部门和现代工业部门的平衡增长是实现经济结构转变的关键因素之一，这是对刘易斯模型的超越。① 1967年，美国经济学家乔根森将二元经济的研究重点由剩余农业劳动带动经济增长转变为农业剩余产品带动经济增长，是对二元经济分析的重要发展。可见，上述学者提出的理论主要是围绕发展中国家在经济发展过程中普遍面临的城乡关系、结构变迁、劳动力转移、资本积累、环境污染等问题，形成了城乡关系相对系统的理论分析框架。

3. 空间极化视角下的城乡发展理论

从20世纪50年代末起，大多数发展中国家如中国、印度的经济增长都是先集中于一个或数个中心城市。基于这种社会现象，区域经济学领域提出城乡空间对立观点，将城乡关系研究上升到区域范畴，从区域之间和区域内部发展不平衡的角度深入研究，相继提出"增长极"理论、"核心—边缘"理论，以及"城乡空间极化发展"等非均衡发展理论。②

法国经济学家佩鲁最早对经济中心的形成及其动因开展研究，于1950年发表的《经济空间：理论与应用》中提出"增长极"理论。1958年，美国经济学家阿尔伯特·赫希曼提出"空间极化"理论，认为区域发展不平衡是其经济增长的伴生物和前提条件，而长期的地理渗透作用会减少这种发展不平衡，用"极化—涓滴效应"学说解释了发达地区对落后地区的不利和有利影响。③ 1966年，美国经济学家弗里德曼在《区域发展政策》

---

① 王娟：《对城乡经济社会发展一体化新格局科学内涵的新阐释》，《理论与改革》2011年第9期。
② 陈剑：《城乡融合的理论研究与实践》，硕士学位论文，河北农业大学，2007年。
③ 赵东明、白雪秋：《城乡协调发展的理论基础及启示》，《经济纵横》2015年第4期。

中提出"核心—边缘"理论,主要观点是任何区域可分为核心区和边缘区,二者共同组成完整的空间系统。核心区在空间系统居支配地位,表现在核心区从边缘区吸收生产要素,产生大量创新;同时,创新要素从核心区向边缘区扩散,带动整体经济发展。政府政策和城乡人口迁移将影响资本、技术等要素的流向和城乡经济增长,最终推动城市和乡村融合发展。[①] 综上,上述理论的核心观点是认为区域发展过程中存在不均衡阶段,并强调政府干预对区域经济均衡发展的促进作用,主张采用以城带乡的发展模式,即经济发展要从中心区域即城市开始,并通过政府引导和市场资源配置,逐步扩散到乡村,最终消除城乡差异。

4. 公平性视角下的城乡发展理论

"二战"后,为迅速实现经济赶超,许多国家选择城市工业化发展模式,力图通过优先发展城市工业部门来带动整个经济的发展。但现实中,以城带乡的发展模式不仅没有带来城市经济腾飞,还损害了农业部门的发展,造成城乡关系的扭曲和差距进一步扩大。该现象引发理论界对"以城带乡"这种自上而下型发展模式的反思,以及对"以乡哺城"自下而上发展模式的探索,提出以"城市偏向"理论为代表的均衡发展理论和乡村城市发展战略。[②]

1977年,英国农村经济学家利普顿在《为何穷人一直贫穷:世界发展中城市的偏向研究》中系统论述了城市偏向理论,认为政府在经济社会发展过程中实施了偏袒城市的政策,结果使社会资源更多地流向城市地区,而造成对乡村不利的局面。

---

① 刘荣增:《城乡统筹理论的演进与展望》,《郑州大学学报》(哲学社会科学版) 2008年第4期。

② 张竟竟:《天山北坡经济带城乡区域系统关联发展研究》,博士学位论文,西北大学,2007年。

这种政治结构不公平，即城乡居民在谈判地位和政治影响力上的不对等，导致城乡差距持续扩大。该理论一经提出，即引发了诸多学者的评价与响应，弗里德曼和道格拉斯首次提出了"乡村城市发展战略"，指出应将城镇作为非农业和行政管理功能的主要场所而不是作为一个增长极来看待，同时应将乡村文化纳入城市规划范畴，在整体上与城市发展相关联，乡村的发展才能取得最好效果。①

"城市偏向"理论对发展中国家改变重城市轻农村的政策、推动城乡协调发展起了积极的作用。理论提出要把农业发展和消除城市偏向作为政策目标，对今后促进乡村经济增长和消除贫困具有重大现实意义。以乡促城发展模式将目标锁定在改善乡村生活条件和提高生产效率，促进包括城市在内的整个经济体发展。虽然以乡促城发展理念对城市的带动作用和经济发展效率的突出性不够，但有助于理论界从不同侧面反思，深入理解城乡关系。

5. 公有制融合视角下的城乡发展理论

马克思、恩格斯在批判吸收了空想社会主义的基础上，运用阶级分析方法，深刻地阐述了城乡对立的根源和城乡关系演进的总体趋势，提出了消除城乡对立的条件和途径。他们认为，城乡关系是社会生活影响全局的关键环节，如果城乡关系的面貌改变，整个社会的面貌就跟着改变。② 私有制是城乡对立的根源，城乡对立是生产力发展到一定历史阶段的产物，私有制通过革命斗争改变资本主义生产关系而被消灭。恩格斯在《共产主义原理》中提出，要"通过消除旧的分工，进行生产教育、变换工种、共同享受大家创造出来的福利以及通过城乡的融合，

---

① 刘祖礼：《重庆市云阳县城乡统筹发展研究》，硕士学位论文，重庆大学，2008年。
② 李春玲：《西北地区城乡一体化发展问题研究》，博士学位论文，陕西师范大学，2017年。

全体成员才能得到全面的发展"①。他第一次提出了"城乡融合"的内涵以及实现这一目标的两个重要标志：一是工人和农民之间阶级差别的消失，二是人口分布城乡不均衡现象消失，主张通过土地共有化发展"大农业""大工业"以及在农村地区办工业的思想。②马克思、恩格斯在《德意志意识形态》《反杜林论》《政治经济学批判》等著作中对城乡融合发展的思想做过较多的论述，为构建中国特色城乡发展理论体系奠定了坚实的基础。

(二) 国内学者对于城乡关系的论述

中国对城乡关系的研究与中国的经济社会发展实践紧密相连。新中国成立后，百废待兴，当时并没有对城乡居民的流动性作出约束，国家提倡工农联盟、城乡互动的政策，城乡之间的矛盾并不突出。直至1958年《我国户籍登记条例》正式实施，城乡之间的矛盾逐步积累，日趋显化。改革开放后，中国城乡发展差距急剧扩大，城乡关系成为社会主要矛盾之一，成为学界的重要研究领域，中国二元结构理论不断丰富、拓展。进入新世纪，中国高度重视城乡关系，基于多角度理论研究形成城乡协调发展、统筹城乡发展、城乡一体化发展等城乡政策主张。

1. 早期"抑农重工"理论

新中国成立后，受苏联以普列奥布拉任斯基为代表的"超工业化"主张的影响，国内学者对中国城乡关系理论研究的主要观点是"抑农重工"，即通过广泛讨论生产资料优先增长，为中国实行重工业优先发展战略提供了理论依据和政策支持。当

---

① 周凯：《中国城乡融合制度研究》，博士学位论文，吉林大学，2012年。
② 《马克思恩格斯全集》，人民出版社1975年版。

时的学者认为应通过剥削农业积累工业化所需资金,这种苏联工业化理论对处于计划经济时代的中国产生了深远影响。①

2. 城乡二元结构理论

改革开放后,随着中国对"三农"问题的不断重视,城乡二元结构问题成为国内学术研究的热点。国内最早提出"城乡二元结构"的是郭书田和刘纯彬。他们认为中国社会的结构是二元的:一元是农村社会;另外一元是城市社会。②

关于城乡二元结构的成因,郭书田等认为中国城乡二元结构的根源归结为二元的户籍制度。③ 吴翔阳赞同郭书田的观点,认为户籍制度直接导致城乡经济结构失衡。孙自铎运用西方经济理论对中国二元经济结构的形成和特殊性进行了探讨。④ 蔡昉从城乡二元劳动力市场进行分析,认为城乡劳动力市场的分割是统购统销政策、人民公社体系、户籍制度和城乡福利体系差异等一系列制度安排共同作用的结构。⑤

对于城乡二元结构的影响,国内学者不仅分析了城乡二元经济体制对经济社会的影响,还对城乡二元结构更深层次的机制及表现进行研究。陈雯认为,城乡二元结构的存在是发展中国家社会中的突出矛盾,"三农"问题的困扰、地区差距和收入差距扩大,归根到底都是城乡二元结构的反映和表现。⑥ 徐明杰在《中国城乡二元经济结构与贫富差距》一书中将中国社会收入差距的主要障碍归结为城乡二元经济结构。王明华和王淑贤

---

① 李泉:《中外城乡关系问题研究综述》,《甘肃社会科学》2005年第4期。
② 刘纯彬:《走出二元——根本改变我国不合理城乡关系的唯一途径》,《农业经济问题》1988年第4期。
③ 郭书田、夏宽众:《积极创造条件促进农村劳动力转移》,《中国农村经济》1986年第12期。
④ 孙自铎:《论经济发展中的二元结构羁绊与突破》,《社会科学辑刊》1995年第3期。
⑤ 蔡昉:《农村剩余劳动力流动的制度性障碍分析——解释流动与差距同时扩大的悖论》,《经济学动态》2005年第1期。
⑥ 陈雯:《"城乡一体化"内涵的讨论》,《现代经济探讨》2003年第6期。

在《消除城乡二元经济结构推动中国农村现代化》中深入分析了城乡二元结构对经济社会的影响。

在城乡二元经济结构转换方面，国内学者从不同角度探讨转化问题，按时间先后形成两条主线：一是 20 世纪 80—90 年代中国学者以刘易斯二元经济理论为基础，从农村剩余劳动力转移的角度探讨中国二元经济结构转换的有效途径，其中最具代表性是蔡昉的《中国二元经济与劳动力转移——理论与政策》。该书把发展战略转变、农业劳动力转移和二元经济结构改造结合起来，分析了中国二元经济结构的成因和劳动力转移的非典型化特征：就业结构转换滞后于产值结构转化、工业中过高的资本劳动比和三次产业十分不发达。他论证了以二元结构多元化的方法来促进国民经济一体化的战略设想。进入 21 世纪，学者将二元经济转化与中国的体制转轨紧密结合，以制度分析为重点，多维度、多视角展开研究。代表性理论有厉以宁和王梦奎主张建立公平的城乡制度和城乡协调制度来解决城乡二元结构问题。[①] 张桂文在《中国二元经济结构转换的政治经济学分析》一书中综合运用新政治经济学、发展经济学理论和数理分析方法，将中国二元经济体制变革与二元经济结构转换作为经济和政治过程的统一，突出二元经济非均衡演进的特点。

3. 城乡二元结构相关衍生理论

中国学者结合中国现实提出的城乡二元社会结构论、城乡双重二元结构论，较大程度丰富了国外二元经济结构理论。城乡二元社会结构论认为中国城乡关系的主要特征表现为城乡二元社会结构。1988 年农业部政策研究中心发布研究报告《二元社会结构——城乡关系：工业化、城市化》，首次提出"城乡二

---

① 厉以宁：《二元经济结构和城乡协调发展》，《科技与企业》2004 年第 2 期；王梦奎：《关于统筹城乡融合发展问题》，《求是》2004 年第 5 期。

元结构社会",即把城市社会作为一元,农村社会作为另一元的城乡分割状态。报告分析了中国城乡二元社会结构形成根源和表现形式,剖析了包括户籍、住宅、粮食供给、燃料供应、教育、医疗、就业、保险、劳动保护、婚姻、征兵等十余种制度差异,使得农民与城市居民、农村和城市在经济、政治以及社会利益诸方面"都存在着比较尖锐的矛盾"①。郭书田和刘纯彬在《失衡的中国——城市化的过去、现在和未来(第一部)》中从实证角度论述十余种制度对二元社会的影响。理论界将该书视为中国系统性研究二元结构社会的起点。

城乡双重二元结构认为,中国城乡关系表现为城与乡两极的二元结构,但这种二元结构呈现出双重性,即城乡二元经济结构与二元社会结构并存。折晓叶和陈婴婴认为,一般发展中国家都具有城市、农村二元结构,又有传统部门和现代部门、非市场部门和市场部门的二元分化的二元结构,即双重二元结构。②王颂吉在《中国双重二元结构研究》一书中指出,中国城乡发展带有典型的政府主导型特征,现代产业和传统农业形成的城乡二元经济结构与城乡公共服务不均等的二元社会结构,产生了独具特色的"城乡双重二元结构"问题,并系统论述了该结构的演进过程、形成机理以及转化路径。

4. 统筹城乡发展理论

城乡协调发展理论形成于地方城乡发展实践的初步思路,20世纪90年代趋于成熟,主要围绕中国加快新型工业化和推进城镇化展开,代表性学者有吴敬琏和周小川。他们提出将城乡协调配套改革作为经济体制中期改革的一个重要指导思想,并将该思想贯彻到国家经济体制改革委员会的经济体制中期

---

① 卢昌彩:《加快推进我国城乡融合发展的思考》,《决策咨询》2019年第2期。
② 折晓叶、陈婴婴:《中国农村"职业—身份"声望研究》,《中国社会科学》1995年第11期。

(1988—1995年）改革规划纲要中。2000年左右，统筹城乡发展替代城乡协调发展，成为学术界的新提法，但其基本主张得到了较好的延续、继承和发展。蔡昉、陈锡文、赵勇认为，各级政府在制订计划、解决问题、分配收入等方面，要改变"城乡两策，重城抑乡"的思路，发挥城市辐射带动优势和城乡关联优势，实现城乡良性互动、资源共享、双赢共荣。[①] 这些都延续了城乡协调发展思想的基本主张。统筹城乡发展是要构建农村和城市相互联系、依赖、补充，同时相互促进的经济社会发展模式。代表性的研究著作有张平军的《统筹城乡经济社会发展》，他从经济学角度阐释统筹城乡发展的科学内涵、机制创新和发展原则、任务和对策；孙九文在著作《走向2020年的我国城乡协调发展战略》中，具体分析了城乡失调的经济社会根源，综合评价城乡协调发展现状，最终提出统筹城乡发展的战略构想。

5. 城乡一体化发展理论

党的十七大以来，城乡一体化成为国内城乡关系研究主流。学者从城乡发展一体化的科学内涵、思路、制度创新、要素流动和公共服务均等化等内容进行了系统研究，形成了一些非常有理论价值和实践意义的认识与政策主张，这为城乡融合发展奠定了扎实的理论基础。如厉以宁等提出，城乡一体化发展的关键是打破城乡彼此封闭的制度壁垒，实现城乡市场要素的自由流动。[②] 樊纲认为，最终缩小地区差异，实现人均收入均等，体制改革、资本流动、人口流动缺一不可[③]。

[①] 蔡昉：《劳动力迁移的两个过程及其制度障碍》，《社会学研究》2001年第4期；陈锡文：《资源配置与中国农村发展》，《中国农村经济》2004年第1期。

[②] 厉以宁：《改革城乡二元体制需破除认识误区》，《理论学习》2010年第10期。

[③] 樊纲：《论要素流动与缩小地区差距》，《领导决策信息》2000年第8期。

二 城乡融合发展的内涵与特征

(一) 城乡融合发展的内涵

党的十九大报告首次提出"城乡融合"概念，明确"建立健全城乡融合发展体制机制和政策体系，加快推进农业农村现代化"的战略路径。由于"城乡融合"涉及空间规划、社会经济、生态环境、基层治理、文化景观等各领域，不同学科对其概念偏重不同。代表性观点有，叶兴庆等指出城乡融合是基于绿色、共享新发展理念形成的新型城市关系，既重视城市的资源集聚，带动区域乃至国家经济发展的功能，又注重农村是生态屏障，为居民提供农产品、传承历史文化等功能；强调将城市和乡村放在平等地位，推动城镇化和农业农村现代化同步发展。[①] 涂圣伟认为，城乡融合是社会生产力发展到一定阶段，通过制度变革、技术进步、文化创新共同促进，最终形成新的地域组织结构、均衡化资源要素配置格局、互补型城乡功能形态等。[②] 魏后凯指出城乡融合发展的本质是通过城乡开放和融合，促进城乡相互依赖、相互促进，形成共建共享共荣的城乡生命共同体。[③]

综上所述，本书认为城乡融合是在城市生产力高度发达、现代化水平较高的基础上，充分保持城乡各自特色，推动城乡经济、社会、文化、生态、治理等领域制度并轨和体制统一，推动城乡公共资源均衡配置、生产要素双向流动、治理资源科学调配，形成工农互促、城乡互补、全面融合、共同繁荣的新型工农城乡关系。从发展理念上，城乡融合发展是将城市和乡

---

① 叶兴庆、金三林、韩杨等：《走城乡融合发展之路》，中国发展出版社2019年版。
② 涂圣伟：《城乡融合发展的战略导向与实现路径》，《宏观经济研究》2020年第4期。
③ 魏后凯：《深刻把握城乡融合发展的本质内涵》，《中国农村经济》2020年第6期。

村放在平等的地位，既重视城市的资源要素集聚和带动作用，又注重农业生产、农村生态屏障和农耕文化传承的作用，将城市和乡村视为一个有机整体，强调二者相互依赖、相互促进的新型城乡关系。在实现路径上，城乡融合是打通城乡分割的壁垒，实现城乡在规划布局、要素配置、产业发展、公共服务、社会治理等领域相互融合和共同发展。从发展目标上，城乡融合发展旨在促进城市和乡村相互协调、相互依赖、互惠互生、共同繁荣，实现新型城镇化和农业农村现代化同步发展。从政策要求上，城乡融合发展强调城乡双向融合互动和机制体制创新，充分发挥市场在城乡资源配置中的决定性作用。坚持农业农村优先发展，深化改革，实现要素在城乡自由流动和平等交换。[①]

（二）城乡融合发展的基本特征

1. 整体性

整体性是指各基本要素组成具有新功能的有机整体，形成新的系统和功能。城市和乡村可视为两个基本的子单元要素，城乡融合是二者形成的有机整体，因此，城乡融合具有整体性和系统性。这就要求将城市与乡村视为一个整体统筹谋划，在规划布局、要素配置、产业发展、公共服务、政府治理等各个方面统筹推进，整体一盘棋谋划发展。然而，整体性不意味着追求城市和乡村发展的平均化和标准化，而是重视城市和乡村之间的功能差异与优势互补，将城乡发展视为一个分工有别但又相互依存、互为促进的有机整体。[②]

[①] 刘荣增：《城乡统筹理论的演进与展望》，《郑州大学学报》（哲学社会科学版）2008年第4期。

[②] 殷际文：《中国城乡经济发展一体化研究》，博士学位论文，东北农业大学，2010年。

2. 互补性

要承认城市与乡村的差异，增强城市和乡村优势互补与有效合作，实现城乡功能深度耦合。城市是引领、辐射和带动乡村发展的发动机，发挥好城市在资金实力、生产技术、经营理念等优势，将更好地挖掘与利用乡村的经济价值、生态价值、社会价值和文化价值等。乡村则是支撑城市发展的重要依托和土壤，充分拓展乡村的多元经济和多功能性，为解决城市发展问题、促进城市经济高质量发展拓展了有效空间。

3. 平等性

城乡融合是将城市和乡村放在平等的地位，实现城乡要素的自由流动和平等交换，城乡居民基本权益平等化。如果没有平等的地位，城乡之间就会产生人为的制度性障碍，这无疑会阻碍城乡资源共享、信息交流和优势互补，违背了城乡发展的公平正义理念。通过土地、资本、劳动力等资源要素的双向流动和城乡公共服务政策的科学安排，保障农村居民的合法权益，缩小城乡空间不平等造成的发展差距，才能实现城乡要素自由流动，让资源要素在城市和农村形成双向性的自由流动，凸显市场在资源配置中的决定性作用。[1]

4. 创新性

城乡融合发展具有鲜明的创新性，主要体现在城乡融合体制机制上的创新。主要体现在城乡公共服务普惠共享的体制机制上寻求创新突破：一方面，保障城市农民工能够平等享受城市基本公共服务；另一方面，完善相应激励机制，推动城市各类人才投身乡村振兴，实现城乡人口高效双向流动。推动城乡融合的制度创新还体现在深化农业农村改革。在稳定农村基本经营制度基础上，因地制宜推进农村土地制度改革、农村集体

---

[1] 武小龙：《城乡"共生式"发展研究》，博士学位论文，南京农业大学，2015 年。

产权制度改革、农垦改革等各项制度改革，释放农村改革红利，激发农村发展新动能。持续创新城乡融合发展的工作运行机制，鼓励乡村创新，尊重基层创造，畅通资源要素进城下乡的具体运行机制，让城乡资源能互通有无，实现合作经营。[①]

5. 多维度性

长期以来的城乡"二元社会"结构现状，决定了城乡发展不是一个单一维度的融合，而是多层次、多领域的融合发展。主要体现在城乡资源要素、产业组织、社会保障、基础设施及生态环境等维度的融合发展。其中，要素融合、产业融合是实现城乡融合的经济基础，又是城乡融合发展的核心动力。要素融合是通过经济制度和政策调整，在市场价格机制的作用下继续激发农村劳动力的非农化流转，促进资本、土地、知识、技术、信息等资源要素在城乡之间的双向流动，重构城乡内部子区域。[②] 城乡社会融合的目标是以人的全面发展为导向，促进城乡资源的公平分配，城乡居民平等享有各自区域发展的权益，打破城乡二元化户籍制度；土地规划和管理制度下形成的城乡居民在社会保障、教育、医疗、就业、住房等方面的差别待遇，增强城乡居民的社会福利均等化。城乡生态融合是以农村的生产功能、生活功能和生态功能为基础，缓解城市生态建设压力，促进城市和乡村生态系统的良性循环。

6. 可持续性

可持续性是指既考虑当前发展的需要，又要考虑未来发展的需要，不要以牺牲后代人的利益为代价来满足当代人的利益的发展方式。[③] 由于城乡经济社会发展需要城乡生态环境提供基

[①] 周凯：《中国城乡融合制度研究》，博士学位论文，吉林大学，2012年。

[②] 刘荣增：《城乡统筹理论的演进与展望》，《郑州大学学报》（哲学社会科学版）2008年第4期。

[③] 李兰兰：《城乡发展规划一体化的探析》，《科技创新导报》2008年第12期。

础支持，自然资源的不可替代性决定了其对城乡发展的约束作用，体现出城乡融合发展的可持续发展的内涵。城乡融合发展，需要坚持"创新、协调、绿色、开放、共享"的新发展理念，摒弃忽视城乡资源和环境问题的"生态虚无主义"观念，推进城乡全面融合、可持续性发展。①

三　城乡融合发展的现实意义

（一）是顺应新时代发展的必然要求

推进城乡融合发展，是中国经济社会发展进入新时代的客观要求，是党中央对中国城乡关系发展的新趋势、新挑战、新机遇的科学把握，是对"统筹城乡发展""城乡发展一体化战略"的继承和升华，是实现城乡共同繁荣的重要途径。城乡融合是新发展阶段深刻贯彻新发展理念，构建新时代新型城乡关系。新时代新征程，广州将准确把握城乡融合发展新的历史方位，坚持乡村振兴和新型城镇化双轮驱动，因地制宜，率先走出一条具有广州特色的城乡融合发展之路。②

（二）是农业农村现代化的实现路径

党的十九大明确提出全面建设社会主义现代化国家及"两步走"战略部署，2035年中国基本实现社会主义现代化，2050年建成富强民主文明和谐美丽的社会主义现代化强国。广州乃至全国社会主义现代化建设，短板在农村，难点是农业农村现代化。2019年，广州城镇化率达到86.46%，城镇化发展迈入中后期转型提升阶段，然而农业农村现代化明显滞后。处理好

---

① 赵东明、白雪秋：《城乡协调发展的理论基础及启示》，《经济纵横》2015年第4期。
② 王彪：《5年内基本建立城乡人口有序流动制度》，《南方日报》2021年4月28日。

工农关系和城乡关系，在一定程度上决定着现代化建设的成功。在广州建设现代化新征程中，一方面要实现农业现代化，延长农业产业链，提升农业价值链，拓展农业功能链，大力发展现代都市农业，促进一、二、三产业融合发展；另一方面要实现农村现代化，以深化农村改革为抓手，着力破除影响农村发展的体制机制障碍和约束，以城乡要素自由流动为关键点，打通技术、资本、人才等生产要素向农村流动的瓶颈和制约，着力在公共服务、基础设施、生态环境等方面下功夫，补齐广州乡村与城市发展之间的短板和差距。①

（三）是破解区域发展不平衡的现实选择

当前，广州最大的发展不平衡是城乡发展的不平衡，最大的发展不充分是乡村发展不充分。广州村域面积约5827平方公里，占总行政区划面积的78.4%，乡村占比高，且与中心城区发展差距较大，突出表现在农业劳动生产率、资源利用效率比工业低，农村公共服务水平、基础设施、居民收入、人口素质与城市差距大等。破解区域发展的不平衡、不充分问题，根本出路在城乡融合发展。通过推动工业和城市的资源要素下沉到农业农村，可更好地服务于乡村振兴，实现农业农村现代化。因此，要完善城乡融合发展的政策体系和工作机制，发挥政策和市场红利，让城市和农村"联姻"，互相赋能和加持，促进城乡交流互动，实现城乡共同繁荣发展。②

（四）是破解城乡二元结构的迫切需要

随着改革开放深入推进和市场经济的快速发展，城乡二元

---

① 金三林：《深刻认识推进城乡融合发展的重大意义》，《宜宾科技》2019年第2期。
② 《广州蓝皮书：广州城乡融合发展报告2020》，社会科学文献出版社2020年版。

结构对经济社会发展产生了系列负面效益。从城市来看，城乡分立户籍制度下，形成城乡二元社会制度，不利于农民市民化，农民工徘徊于城乡之间，为城市化发展埋下隐患。[①] 从乡村来看，优质要素资源不断单向流出乡村，使得农业比较效益长期处于较低水平，阻碍了农业结构升级和农村社会发展。近年来，广州大力推进乡村振兴战略，城乡关系正发生新的变化，城乡一体化基础设施规划和建设不断增强，城乡均等化公共服务体系逐步健全。然而，城乡分割的"二元结构"体制成为广州城乡深度融合的最大阻碍，突出表现在农村土地制度等城乡要素有效配置等方面，迫切需要在机制体制上进行变革，推动广州城乡深层次、实质性的融合发展。

（五）是激发经济发展潜能的有效手段

当前，中国发展最艰巨、最繁重的任务在农村，但最大的潜力和后劲也在农村。作为国家重要中心城市，广州要持续推动城乡融合发展，促进乡村资源与城市大市场对接，激发农村消费潜力，释放农村土地价值，推动乡村焕发新活力。当前经济下行压力增大，投资拉动的边际效应逐步退减，扩大内需，特别是扩大消费成为重要着力点。广州市统计局发布数据表明，2019年，广州农村常住居民人均可支配收入28868元，增长10.9%，高出城市常住居民人均可支配收入增速2.4个百分点；农村常住居民家庭人均消费支出22522元，增长9.1%，高出城市常住居民消费增速2.3个百分点，增长潜力不容小觑。[②] 广州土地开发资源有限，但农村土地可挖掘空间大，通过空心村改造、宅基地改造、旧村级工业园改造和农田整治等方式，以及

[①] 《广州蓝皮书：广州城乡融合发展报告2020》，社会科学文献出版社2020年版。
[②] 《广州蓝皮书：广州城乡融合发展报告2020》，社会科学文献出版社2020年版。

增减挂钩、拆旧复垦等手段，将腾出建设用地指标，增加土地收益，拓展农民增收渠道。随着互联网的发展，空间距离对产业局部的影响趋于弱化，环境友好型产业如康养、创意设计、乡村旅游等加速向乡村布局，催生出从化生态设计小镇、西和小镇等特色小镇，广州乡村新产业、新业态成为重要的新经济增长点。

四　城乡融合发展的动力机制

城乡融合发展的动力机制是推进城乡融合发展所必需动力的产生机制以及维持和改善其机制的各种经济关系、组织制度等构成综合系统的总和。广州城乡融合发展的动力机制是多因素作用的共同结果，主要有政府的政策推动机制和市场推动机制、城市化拉动机制和农村自我发展的推力机制。

（一）政府政策引导

市场经济条件下，城乡生产要素在市场机制的作用下会互补协同，但自由市场力量不必然促进城乡融合发展。城乡发展的初始条件不同，加之城市上升和农村下降的循环累积过程，很可能导致城市虹吸作用更强，乡村更加失去吸引力，加剧城乡发展不平衡趋势。因此，政府应充分发挥城乡融合发展中的决定性因素作用，通过制定发展目标、完善机制体制、制定和实施发展政策促进形成城乡融合的内在机制。

一是发挥政府的战略引领作用。城乡发展战略直接决定了城乡发展方向和融合程度，也影响了城乡融合发展的机制、体制和政策。党的十九大高屋建瓴，确定坚持农业农村优先发展，将乡村振兴战略上升为国家战略，建立健全城乡融合发展的机制体制。广东省、广州市先后出台地方性乡村振兴战略的实施意见，明确要走一条具有广州特色的超大城市乡村振兴之路，在全省乡村振兴中做好表率；推动城乡一体化基础设施建设和公共服务普惠共享；推动农村产业集聚发展，城乡二、三产业功能优化互补，布局合理有序。二是发挥政府政策导向作用。有效引导资源要素在城乡间双向自由流动，利用政策倾斜、财政杠杆等方式，有效推动社会资本、信息技术、人才等资源要素向农村地区流动，破除妨碍城乡要素自由流动和平等交换的体制机制壁垒，加速资源要素向农村流动，在农村形成资源聚集的良性循环。① 2019 年，广州市级财政安排 156.2 亿元，加强涉农资金整合，带动民间资本流向乡村。三是发挥制度保障作用。健全制度保障，是城乡融合发展的前提和基础。通过建立城乡一体的劳动就业制度和社会保险制度，可推动形成平等竞争、规范有序、城乡统一的劳动力市场，保障农民工的合法权利，促进农村劳动力转移。

（二）市场要素推动

市场推动机制是指在市场经济体制下，人才、土地、资金、产业、信息等市场要素对城乡融合关系产生影响的内在机制，它是经济体制影响城乡经济融合状态的具体表现。广州市场经济活跃，市场经济规模雄厚，2019 年实现地区生产总值 23628.60 亿元，同比增长 6.8%，为城乡融合发展提供了经济动力。一是市场自发力量推动城乡融合。市场经济条件下，广州凭借改革开放先发优势吸引省内外人口、资金、技术等要素自发向城市聚集，形成极化效应。城市的过度集中推动资源要素成本上升，使得经济活动向广州远郊区如番禺、从化、增城

---

① 史玉龙：《城乡区域发展新格局：认识演进、战略优化与实施对策》，《开发性金融研究》2020 年第 4 期。

扩散，推动城乡一体发展。同时，在互联网、大数据时代，广州的城乡物理界限不再泾渭分明，虚拟化空间扁平结构加速城乡融合发展。二是人才供需结构调整推动融合发展。由于农业与非农部门的生产率差距缩小，要素投入的规模效应递增趋势减缓，要素供需结构匹配成为新的经济增长点，作为生产者和消费者兼有的人口、人才，成为主导城乡要素流动的重要因素。广州建立了"以居住证为载体，以积分制为办法"的城乡一体化来穗人员服务机制，搭建了科学的积分指标体系框架，形成了具有广州特色的来穗人员积分制入户政策法规体系，推动让农业转移人口融入就业、家庭融入社区等。同时，陆续出台鼓励支持各类人才入乡激励政策，如科教文卫人员定期服务乡村，职称评定向乡村教师、医生倾斜等，推动城乡人力资源要素双向流动。三是城乡资本要素的平等流动机制不断健全。工商资本联动城乡，是推动城乡融合发展的重要力量，对优化城乡资源要素配置、活跃乡村经济等具有积极作用。近年来，广州积极完善农村金融服务基础设施，组建资金互助合作社，健全农村保险服务保障体系等，金融服务农业农村的能力不断增强，以点带面引导工商资本进入农业农村，与农民等构建紧密型利益联结机制，真正发挥联农带农作用。

（三）城市化牵引拉动

城市是社会生产力发展到一定历史阶段的产物，城市化是经济社会发展水平的重要标志。城市化推动人口、工业及第三产业向城市集聚，是推动城乡协调发展、促进城乡融合的内在动力。一是城市化是实现农业剩余劳动力转移、有序推进农业转移人口市民化的重要途径。2019 年，广州三次产业比重为 1.06∶27.32∶71.62，第三产业占比不断增长，成为吸纳人口和劳动力最多的产业，也成为有效解决农村剩余劳动力的出路，推动农业人口非农化。二是城市化是提高农业生产率、实现农业现代化的根本途径。一方面，通过推进农业转移人口共享城镇基本公共服务、建立健全农业转移人口市民化推进机制，加速实现农村剩余劳动力资源转移，从而为减轻农村土地压力、加快农村土地流转、提高农业适度规模经营、培养新型农业经营主体、提高农业劳动生产率创造条件；另一方面，高度的城市化对乡村的辐射作用不断增强。2019年，广州常住人口城镇化率为86.46%，高于全国60.60%的水平。广州集聚优质教育、科技创新资源，在互联网、大数据高速发展的背景下，城市发展的各种现代要素如现代信息技术、文化创意等都在向农业农村渗透，为农业现代化发展提供要素支撑。三是城市化是缩小城乡差距的助推器。研究表明，城市化水平和其对周边区域的辐射带动能力呈现正相关，即城市化水平越高，释放的红利对城市的辐射延伸作用越强。城市现代生产生活方式在向农村地区扩展，促进农村居民生活质量提高，缩小城乡差距。

（四）产业融合驱动

产业融合的本质是通过技术和组织变迁实现农业产业链延伸、价值链提升和功能范围拓展，从而满足城乡居民不断增长的产品和服务需求。农业产业融合是以市场为导向，以经济效益为中心，以主导产业、产品为重点，优化组合各种生产要素，实行区域化、专业化、规模化、现代化经营方式和产业组织形式。随着乡村振兴战略深入实施，广州加速推动三次产业融合模式，构建农村三次产业融合长效机制，农村自身发展能力不断增强，拉动城乡融合发展。[①] 一是农业现代化发展势头强劲。以农业现代产业园为载体，推动农业经营主体联农带农。全力

[①] 《广州蓝皮书：广州城乡融合发展报告2020》，社会科学文献出版社2020年版。

推进粤港澳大湾区"菜篮子"工程建设,打造优质农产品加工和进出口集散地。二是产加销一体化经营水平不断提升。依托国家中心城市、农产品集散中心地位和特大城市人口的巨大消费市场优势,广州积极构建现代农业市场体系,打造了一批产加销一体化、经营水平较高的上市公司和龙头企业,带动农业产业化发展。[①] 三是"互联网+农业"新业态蓬勃发展。成立广州市农业电子商务协会,服务农业电子商务技能培训,推动智慧农业、数字农业发展。[②]

五 城乡融合发展的趋势与展望

(一)城乡融合发展是实现乡村振兴的必由之路

当前,城乡二元结构体制是影响城乡融合发展最为突出的结构性矛盾之一,它不仅导致城乡之间发展不平衡,也是制约"三农"发展的根本性体制障碍。为破除这一体制机制障碍,2019年4月,国家出台了《中共中央 国务院关于建立健全城乡融合发展体制机制和政策体系的意见》,从顶层设计上构建城乡融合发展的政策体系,代表着以政府意志、政府力量改变久已形成的重城市、轻农村,重工业、轻农业的发展弊端。乡村振兴如果单靠农业自身发展,就农业谈农业无法实现,必须通过城乡融合发展,走城市带动农村、工业支援农业的发展道路,使城市与农村、工业与农业紧紧融合在一起,彼此不再区分孰重孰轻、孰先孰后,二者是互为因果,形成共同促进、共同发展的关系。

---

① 《广州蓝皮书:广州城乡融合发展报告2020》,社会科学文献出版社2020年版。
② 《广州蓝皮书:广州城乡融合发展报告2020》,社会科学文献出版社2020年版。

(二) 城市化仍然是城乡融合发展的强劲动力支撑

如果说改革开放 40 多年来广州取得举世瞩目的发展成就得益于快速的工业化和城市化，那么，未来城乡融合发展仍然需要城市化强劲的发展动力支撑。广州城市化水平不断提升，城市人口规模会适度增长，人口素质和生活质量随之提升，消费能力和消费潜力不断释放，对优质农产品和农业生态功能的需求更为迫切。研究表明，城市化水平与城市对乡村的辐射能力呈现正相关，即越高水平的城市化，对乡村的辐射带动能力越强，释放出的发展红利越多。

(三) 城乡融合发展的制度体系将进一步完善①

实施乡村振兴战略是党的十九大作出的重要战略部署，是"三农"工作的总抓手。2018 年 8 月，广州市印发《中共广州市委 广州市人民政府关于推进乡村振兴战略的实施意见》，要求完成 10 多项政策文件制定。这些政策文件涵盖农业产业发展、农村用地、农村公共基础设施管护、生态保护补偿、特色小镇等多方面，都是农业农村发展亟待解决的问题。随着这些政策文件的制定、颁布及实施，影响农业农村发展的瓶颈性制约将会得到进一步缓解。《中共中央 国务院关于建立健全城乡融合发展体制机制和政策体系的意见》也将为广东省、广州市推进城乡融合发展提供科学指引，省、市将按照国家战略部署，因地制宜，构筑城乡融合发展顶层设计，健全体制机制和制度体系建设，以科学的制度体系建设引领城乡融合发展不断迈上新的台阶。

---

① 郭艳华：《城乡融合发展的时代要求与发展趋势》，《中国社会科学报》2020 年 9 月 30 日。

（四）城乡融合发展的实践探索将逐步推进

2019年12月，国家发改委等十八部委联合下发了《国家城乡融合发展试验区改革方案》，聚焦城乡生产要素双向自由流动的制度性通道基本打通、城乡有序流动的人口迁徙制度基本建立、城乡统一的建设用地市场全面形成、城乡普惠的金融服务体系基本建成、农村产权保护交易制度基本建立、农民持续增收体制机制更加完善等11个方面的试验任务，先行先试，大胆探索。① 广东广清接合片区为广东省唯一的试验区，覆盖广州市增城区、花都区、从化区，清远市清城区、清新区、佛冈县、英德市连樟样板区，面积9978平方公里。广州大力探索同清远的合作创新，通过对国家城乡融合发展试验区增城片区、花都片区、从化片区的大胆试验，以点带面，逐步形成可借鉴、可复制的典型经验和体制机制改革措施，将在更大的面上推动区域范围城乡融合发展。②

（五）城乡融合发展重在形成新型城乡关系

自2003年党的十六届三中全会提出统筹城乡发展以来，人们对于统筹城乡发展的认识在不断深化，之后提出城乡发展一体化，建立城乡融合发展体制机制和政策体系。从统筹城乡发展到城乡一体化，再到城乡融合发展，不仅反映了对城乡关系认识过程的不断升华，也是全面建成小康社会、开启现代化新征程的重要内容。如果不能补齐农业农村发展的短板，农业农村不能实现现代化，那么，广州的现代化进程就会迟滞，就会

---

① 《广州蓝皮书：以产业融合推动广州城乡融合发展》，2020年7月24日，南方网。
② 武勇：《努力构建城乡融合发展新格局》，《中国社会科学院报》2020年7月29日。

严重拖现代化的后腿。① 因此，要从战略高度予以重视，重新认识和赋予农村更多的内涵和价值，跳出农业谈农业，跳出农村谈农村，突出农村对城市发展要素、资源、生态的支撑作用，从自然环境、生态宜居、乡愁文化等方面提升农村价值，推动农村与城市互动发展。② 紧跟时代发展要求，把乡村振兴发展放在城市化的视角下统筹考虑，是城乡融合发展的核心问题，绝不能以城市与农村相割裂的视角研究农村问题，重点通过城乡体制机制创新突破，构建城乡融合发展新格局。③

（六）产业融合将成为城乡融合发展的重要基础

农业是国民经济的基础和压舱石。由于农业具有天然弱质性，发展空间受到挤占，仅仅依靠农业自身循环很难实现跨越发展。因此，必须在工业化、城市化的背景下实现产业融合发展。④ 调整城乡产业的布局是城乡融合发展的先决条件，未来一段时期，广州要健全引导消费等六项农村的体制机制和政策体系，将资源型产品的发展、劳动密集型、农业初级产品加工等产业布局到农村，降低生产成本，活跃农村经济，增加农民收入。⑤ 同时，以产业链延伸、价值链升级、功能链拓展为重点，推动一、二、三产业深度融合发展，提升农村生产、生活、生态整体价值。

---

① 《广州蓝皮书报告：2019 年广州常住人口城镇化率为 86.46%》，2020 年 7 月 25 日，中新网。
② 郭艳华：《城乡融合发展的时代要求与发展趋势》，《中国社会科学报》2020 年 9 月 30 日。
③ 《广州蓝皮书：以产业融合推动广州城乡融合发展》，南方网，2020 年 7 月 24 日。
④ 《广州蓝皮书：以产业融合推动广州城乡融合发展》，2020 年 7 月 24 日，南方网。
⑤ 《广州蓝皮书报告：2019 年广州常住人口城镇化率为 86.46%》，2020 年 7 月 25 日，中新网。

（七）高质量是农业农村发展的主旋律

党的十九大提出中国经济发展已由高增长阶段转向高质量发展阶段，高质量发展将是未来中国经济发展的重要遵循。虽然广州农业总体规模不大，在生产总值中所占比例也不高，但高质量发展仍然是引导农业农村发展的重要指向。① 一方面，随着工业化、城市化进程加快推进，广州土地资源日益紧缺，农业农村发展的空间有限，必须要走高质量、精致农业发展道路，在有限的空间、有限的土地资源内，使土地发挥最大效益，让土地产出最大化；② 另一方面，随着城乡居民生活水平不断提高，以及农产品质量安全问题不断凸显，对优质绿色农产品需求越来越高，客观上也要求加快农业农村高质量发展，从追求数量增长转向追求质量和效益，以不断满足城乡居民日益增长的对优质绿色农产品的需求。③

---

① 郭艳华：《城乡融合发展的时代要求与发展趋势》，《中国社会科学报》2020年9月30日。

② 《广州蓝皮书报告：2019年广州常住人口城镇化率为86.46%》，2020年7月25日，中新网。

③ 郭艳华：《城乡融合发展的时代要求与发展趋势》，《中国社会科学报》2020年9月30日。

第二章　改革开放以来广州城乡融合发展历程

改革开放至今，广州市政府一直从当地发展情况出发，致力于城乡发展领域的拓展，并探寻乡村农业发展改革措施，寻求城乡关系协调发展的路径以及系列制度安排。广州城乡关系的发展是中国城乡关系演变的一个缩影，也是中国推动城乡一体化发展现实探索过程最真实的描述。由城乡关系和政策调整措施可知，广州城乡关系发展具体可分为四个阶段，即"城市偏向"发展阶段、统筹城乡发展阶段、城乡一体发展阶段、城乡融合发展阶段。

一　"城市偏向"发展阶段（1978—2000年）

1978年，党的十一届三中全会召开，党的工作重心向经济建设转移，经济运行机制发生重大转变，农村经济社会管理体制变革，城乡隔离局面被打破，城乡关系得到实质性改善，呈现良好的发展态势。广州依靠国家的特殊优惠政策，积极引进外资，将紧邻港澳的优势发挥出来，引导广州工业化进程走入高速发展阶段，进而推动区域经济发展步伐。党的十二届三中全会后，国家经济改革和发展的重心从农村转移到城市，宏观经济政策继续偏向城市、工业发展。同时，在市场经济作用下，农村资源加速流向城市和工业,广州呈现出以"农业支持工业、农村支持城市"为特征的工业化和城市化发展。

(一) 准确把握国家城乡发展政策

第一,为了加深城乡互动,让城乡具有新活力,须尽快实行农村改革措施(1978—1984年)。1978年,党中央出台了《关于加快农业发展若干问题的决定(草案)》,其中明确指出了调整农业投入、农产品收购等方面的措施和方法,这代表中国的城乡发展将步入启动农村改革注入发展活力的城乡互动阶段。此后,政府又从农村产业发展出发,实行了一系列农村到城市的改革措施,落实了农村联产承包制、支持乡镇企业和小城镇发展等改革措施,促进了农业的发展。在农村联产承包制的背景下,党中央又陆续出台并实行了一系列农村改革措施,促进了农村生产力的较快发展,实现了城乡的互动。

第二,建立市场经济体制,城乡关系又由协调向失衡转变(1985—2001年)。1984年,党中央颁发了《关于经济体制改革的决定》,这项文件的出台代表着中国经济发展中心将转向城市。由于城市发展偏向的出现,各种资源从农村流向城市,城市实现高速发展。在社会市场经济体制背景下,中国的经济发展中心虽然开始转向城市,但在市场与政府的双重引导下,农业获得了各方支持,所以中国城乡发展呈协调发展状态。中国虽然实现城乡的协调发展目标,但是由于发展重心偏向城市,所以在城市改革背景下的农业发展速度有所放缓,进而加剧了城乡之间的差距。

改革开放至今,中国政府一直将城乡发展作为发展核心,重视农业生产及其制度革新。经过梳理,1978—2000年国家层面出台的重要文件及政策举措见表2-1。

表2-1　1978—2000年国家出台的城乡关系重要文件及政策举措

年份	国家出台的重要文件/召开的重要会议	政策举措
1978	《中共中央关于加快农业发展若干问题的决定（草案）》	提高农产品收购价格、降低农用生产资料价格、减免部分农业税、加强多方面农业投入
1981	全国农村工作会议	提高农产品收购价格，改善农村商品流通及农业生产条件；正式确立了家庭联产承包责任制
1982	中央1号文批转《全国农村工作会议纪要》	明确包产到户、包干到户都是社会主义集体经济的生产责任制
1983	中央1号文《当前农村经济政策的若干问题》	从理论上说明了家庭联产承包责任制是在党的领导下中国农民的伟大创造
1984	中央1号文《关于一九八四年农村工作的通知》	提出要巩固和完善联产承包责任制。延长土地承包期一般应在15年以上
1984	发布《中共中央关于经济体制改革的决定》	加大对乡镇企业的支持；支持小城镇的发展
1985	中央1号文《关于进一步活跃农村经济的十项政策》	取消农副产品统购派购制度，开始以改革农产品统购派购制度、调整产业结构为主的改革；对小城镇发展进行系列指导
1986	中央1号文《关于一九八六年农村工作的部署》	指出中国农村已开始走上有计划发展商品经济的轨道
1986	通过《中共中央关于制定国民经济和社会发展的第七个五年计划的建议》	优化城乡居民物质文化现状，引导少数人、企业、地区达到富裕目标，但在实现少数人富裕目标的同时，还要防范收入差距悬殊现象的出现
1987	中央农村工作会议，发出《把农村改革引向深入》的通知	优化农业产业结构，加快农村产品的对外流通速度，确保农民收入持续提升，进一步提高农村基层工作积极性。构建农村改革试点
1988	全国农村工作会议	注重农业发展，对农业的基础地位进行巩固

续表

年份	国家出台的重要文件/召开的重要会议	政策举措
1989	政府工作报告	整顿经济秩序，治理经济发展环境。社会需求的压缩是经济治理和维护的根本，而且也是维持有效供给的重要基础，这对国家建设和人民生活保障都有着一定帮助
1990	发出《把农村改革引向深入》通知	降低农民负担，构建农村改革试点
1991	通过《中共中央关于制定国民经济和社会发展的第八个五年计划的建议》	为城乡居民建设更多住房，并持续提升城乡居民收入水平，同时还要构建完善的农业社会服务机制
	全国农业工作会议	在农村政策方面，党中央提出了新的责任制度，即家庭联产承包制
	党的十三届八中全会通过了《中共中央关于进一步加强农业和农村工作的决定》	在乡村集体经济组织方面，党中央制定了家庭联产承包制，并完成双层经济体制的统一与优化
1992	中国共产党第十三届八次会议	通过《中共中央关于进一步加强农业和农村工作的决定》，发展高产优质高效农业
1993	全国农村工作会议	讨论了《关于当前农业和农村经济发展的若干政策措施》
1994	全国农村工作会议	抓好"米袋子""菜篮子"；全面发展农村经济，增加农民收入；保持农村社会的稳定
	公布《国家八七扶贫攻坚计划》	指出扶贫开发进入攻坚阶段
1995	全国农村工作会议	加强农业基础，保护和扶持农业，加强农业技术推广体系建设
1996	通过《中共中央关于制定国民经济和社会发展的第九个五年计划的建议》	增加对农业的投入；实施科教兴农战略；进一步发展乡镇企业
1997	全国农村工作会议	推进农村经济体制和农业增长方式转变，加快科教兴农，加大农技推广，加强农田水利建设，调优农村产业结构
1998	党的十五届三中全会通过《中共中央关于农业和农村工作若干重大问题的决定》	提出发展小城镇；进行农村电网改革

续表

年份	国家出台的重要文件/召开的重要会议	政策举措
1999	党的十五届四中全会审议通过《中共中央关于国有企业改革和发展若干重大问题的决定》	促进国有企业的体制改革；做好减员增效、再就业和社会保障工作；调整农业生产结构
2000	中央农村工作会议	大力推进农业和农村经济结构战略性调整；在农村实行税费改革
	党的十五届五中全会通过《中共中央关于制定国民经济和社会发展第十个五年计划的建议》	加强农业基础地位；实施城镇化战略；促进城乡共同进步

资料来源：中国政府网相关资料整理。

（二）适时开展农村经济体制改革

第一，最先实行土地承包经营体系改革。基于《关于加快农业发展若干问题的决定（草案）》，广州市政府在1978年选定从化县江埔公社禾仓大队为试行对象，落实了家庭联产承包责任制。在本次改革获得显著成效之后，市政府又开始在全市农村范围进行改革推广。在新的体制落实之后，不仅广州农民的生产积极性得到有效提升，当地农民收入也得到大幅提高，既解决了农民温饱问题，又推动了城乡关系发展，同时也为后来的市场竞争机制引入和改革开放落实提供一定帮助。

第二，为农村股份合作制的改革开创先河。广州市政府在1987年选定天河区沙河镇作为试行对象，对农村合作经济股份制进行试验。进入新世纪，包含天河区在内的多个地区都开始改革农村集体经济，并朝着股份合作社方向发展。在本次改革的基础上，海珠区又实施了"村改居"管理和城乡一体户籍制度的改革，全区范围内固化到人或户的经济联社股份已达到20个。

第三，首创农产品流通和价格体制改革。1979年，市政府在全国范围内首先放开塘鱼价格;1981年,市政府又将鸡蛋、肉鸡的派购任务予以取缔,同时放开了相关价格;1983—1988年,市政府先后放开了水果、蔬菜、生猪、粮油等价格,尤其是农副产品价格的放开堪称全国首例。1983年,在发挥市场功能的基础上,市政府又在全市范围内建立了8个农产品批发市场。进入20世纪90年代之后,市政府又落实了"谁投资、谁受益"的发展举措,这对市场组织创新起到了极大的推动作用。

(三)城镇化进程加快

在对外开放与农村经济体制改革背景下,广州的乡镇工业开始进入高速发展阶段,推动了广州城镇化发展进程。相关统计显示,截至2000年末,广州市的GDP达到2492.7亿元,相比1978年的43.09亿元上涨了527.97%;在工业增加值方面,广州市达到886.12亿元,相比1978年的24.36亿元上涨了352.76%;在第一产业增加值方面,广州市达到94.37亿元,相比1978年的5.03亿元上涨了176.61%。除此之外,2020年,广州的三大产业之比为3.79∶40.98∶55.23,对比1978年的11.67∶58.59∶29.74,可知广州市的第一产业占比有所下滑,下滑程度为7.88%,相对地,第三产业占比有所上涨。具体变化情况如表2-2所示。

表2-2　　　　　1978—2000年广州产业发展情况　　　　单位:亿元,%

年份	地区生产总值	工业增加值	第一产业增加值	三次产业构成
1978	43.09	24.36	5.03	11.67∶58.59∶29.74
1980	57.5	29.53	6.24	10.85∶54.51∶34.64
1985	124.4	57.70	12.04	9.69∶52.92∶37.39
1986	139.5	60.85	13.21	9.46∶50.24∶40.30

续表

年份	地区生产总值	工业增加值	第一产业增加值	三次产业构成
1987	173.2	69.30	15.68	9.05：45.85：45.10
1988	240.1	97.21	22.78	9.49：47.55：42.96
1989	287.9	109.39	24.32	8.45：45.03：46.52
1990	319.6	118.10	25.73	8.05：42.65：49.30
1991	386.7	158.30	28.17	7.29：46.53：46.18
1992	510.7	212.01	35.64	6.98：47.25：45.77
1993	744.3	305.01	47.60	6.39：47.19：46.42
1994	985.3	387.02	60.62	6.15：46.24：47.61
1995	1259.2	494.11	73.46	5.83：45.91：48.26
1996	1468.1	579.15	81.16	5.53：45.77：48.70
1997	1678.1	663.56	85.72	5.11：45.36：49.53
1998	1893.5	711.38	88.88	4.70：43.31：51.99
1999	2139.2	804.41	92.85	4.34：43.53：52.13
2000	2492.7	886.12	94.37	3.79：40.98：55.23

资料来源：1979—2001年《广州统计年鉴》及年鉴数据整理。

不仅如此，乡镇企业进入高速发展状态。广州市政府在1986—1992年间落实了计划经济体制，陆续创办了如私人、个体、乡镇等多类型企业，在非农产业中，农村居民的整体收入得到有效提升。1992年，邓小平在视察南方的过程中提出，未来将更进一步拓展多类型所有制企业的发展空间。因此，广州开始先于全国进行农村联产承包制的变革，并从乡镇企业出发，将之作为农业产业经济发展的切入点。1978年末，广州市乡镇企业的整体收入只有4.25亿元，全市社队企业仅为6745个，下辖人员为21万人。次年年底，广州市实施了社办企业改革，并推行了"八改"措施，这让广州的乡镇企业获得了良好的发展机遇。广州乡镇企业在"八五"时期进入了高速发展阶段，其产值、创收等方面的增速均达到50%以上。进入20世纪90

年代之后,中国政府开始调整税收、金融等方面政策。这一环境下的乡镇企业税负随之提升。为此,广州市政府在1997年开始改革乡镇企业产权制度,众多乡镇企业纷纷开始走向民营企业的发展道路。

(四) 推动大量农村劳动力向城镇转移

在第三产业高速发展的背景下,城市中的工业开始下沉到农村地区,为农村劳动力流向城市地区创造了一条新的道路,同时也为广州城市化和工业化发展提供一定帮助。在社会主义市场经济体制下,广州的工业、城镇化发展都得到一定推动,如此背景下的劳动力需求也随之提升,进而衍生出"民工潮"现象。这也是广州市在20世纪90年代最为显著的特征之一。

随着城镇化与工业化影响的不断深入,广州市的就业机会越来越多,这不仅促使一些农村剩余劳动力纷纷转向非农业领域,而且还间接提升了农村的劳动生产效率。在广州经济高速发展的背景下,进城务工的农民数量越来越多,农业人口和从业人员持续下滑,二、三产业从业人员规模越发庞大。这样的发展局势改变了以往农村支持城市的发展模式,同时将原本工农业发展模式转为依托农村廉价劳动力来推动城市发展的模式。相关统计显示,截至2000年末,在第一产业方面,从业人员达到了95.66万人,相比1978年下滑了20.94万人;在第二产业方面,从业人员达到了198.29万人,相比1978年增加了112.54万人;在第三产业方面,从业人员达到了202.31万人,相比1978年增加了137.76万人。此外,在三大产业就业结构方面,2000年为19.27∶39.96∶40.77,相比1978年的比重情况有着显著变化(见表2-3、图2-1)。

表 2-3　　1978—2000 年广州主要年份三次产业从业人员构成

年份	全市/万人	构成/%		
		第一产业	第二产业	第三产业
1978	266.90	43.69	32.13	24.18
1980	275.05	40.23	33.55	26.22
1985	313.47	31.26	37.66	31.08
1990	341.15	28.24	36.40	35.36
1995	407.78	22.68	38.84	38.48
2000	496.26	19.27	39.96	40.77

资料来源：《广州统计年鉴》（1979—2001 年）。

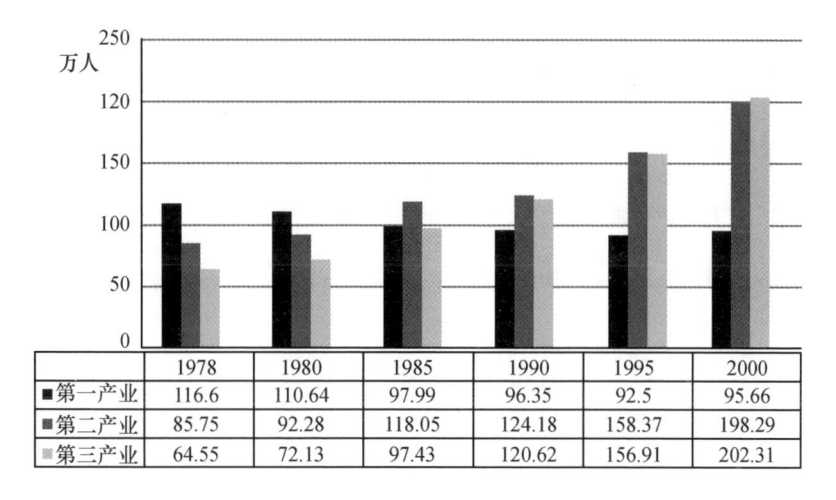

万人	1978	1980	1985	1990	1995	2000
■第一产业	116.6	110.64	97.99	96.35	92.5	95.66
第二产业	85.75	92.28	118.05	124.18	158.37	198.29
第三产业	64.55	72.13	97.43	120.62	156.91	202.31

图 2-1　1978—2000 年主要年份三次产业从业人员变化情况

（五）都市现代农业稳步发展

第一，提出都市农业发展目标。20 世纪 80 年代，广州市政府从全市资源角度出发提出发展都市农业计划。1986 年，广州市将"城市化农业"作为战略目标，进入 90 年代之后，又开始大范围地改造全市农田。新世纪初，市委和市政府调整了全市农业结构战略，提出了一项新的农业发展目标，即"打造具有广州特色的都市农业"。

第二,开创具有全国代表性的农业产业化模式。广州农村的家庭经营模式在 1987 年开始陷入经销难的问题。如此背景下,白云区的江村集体养鸡场开始凭借销售渠道、技术等方面优势建立"农户+公司"的新型联合营销模式。这也是国内最早的农业产业化发展模式,被当时的市场称作"江高模式"。由于这项新模式的显著成绩,后来它在全国各地得到推广。在市委和市政府的不断改进与优化下,"江高模式"开始辐射到各大农业产业中,并实现多方面一体化经营模式,后来又开始涉及各大养殖业领域,并推动广州市农业产业化发展步伐。

第三,农业方面的财政收入持续提升。广州财政部从 1978 年持续提升对农业方面的投入,特别是在改革家庭联产承包责任制的过程中,农业方面的投入每年都占全年总投入的 3% 以上,尤其是 1978 年,甚至接近 6%。然而从 1985 年开始,农业投入占比开始大幅下滑,尤其是 20 世纪 90 年代末的投入最低,下滑至 0.53%(见图 2-2)。

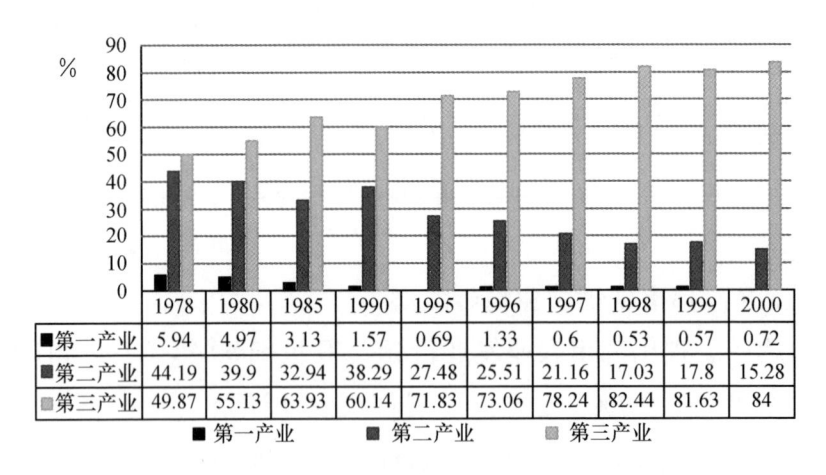

%	1978	1980	1985	1990	1995	1996	1997	1998	1999	2000
第一产业	5.94	4.97	3.13	1.57	0.69	1.33	0.6	0.53	0.57	0.72
第二产业	44.19	39.9	32.94	38.29	27.48	25.51	21.16	17.03	17.8	15.28
第三产业	49.87	55.13	63.93	60.14	71.83	73.06	78.24	82.44	81.63	84

图 2-2 1978—2000 年广州一二三产业固定资产投资情况

(六) 广州城乡居民生活水平逐步提高

中央出台农村土地家庭承包经营制度后，一些农民开始获得部分财产权，对自身劳动力具有自由支配权。中央1号文件指出，将从城乡关系调整、农业收入与投入增加等方面入手，激发农村生机活力。在广州工业化不断深入的背景下，当地居民生活水平持续提升。截至2020年末，在城镇居民人均收入方面，广州市达到13966.53元，相比1980年的606.12元上涨了22倍之多，但其恩格尔系数则下滑了27.8%，下滑至42.6%；在农村居民人均收入方面，广州市达到6085.97元，相比1980年的322.66元上涨了近18倍，但其恩格尔系数则下滑了16.47%，下滑至38.21%（见表2-3）。

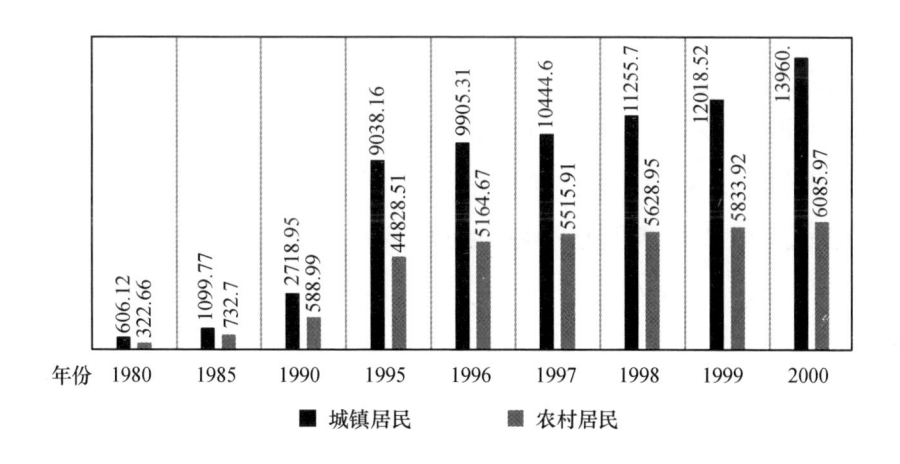

图2-3 1980—2000年广州城乡居民人均可支配收入情况比较

二 统筹城乡发展阶段（2000—2009年）

在改革开放背景下，广州的城乡联系越发紧密，虽然城乡面貌都出现显著变化，但是并未改变传统体制下的城乡分割，也并未改变二元结构制度。随着城市经济的快速发展，大量农村人口开始涌入城市，推动了城市化发展进程。但由于农村人口的大量流失、农村经济发展变化，农村人口社会地位、生活质量与城镇人口相比存在显著差距，这也就导致城乡关系开始步入尖锐时期。在城乡关系越发严峻的背景下，党中央为了解决城乡二元结构问题开始落实"统筹城乡经济社会发展"措施，制定如以城带农、以工带农等发展措施，构成城乡统筹发展局势。这也代表着中国城乡发展开始步入新的阶段，即城乡统筹阶段。

（一）全面贯彻国家城乡统筹发展政策

第一，提出了多予少取放活、以城带农、以工带农的发展措施。2003年，中共中央提出了多予少取放活的发展建议，希望依托新的发展方针来缩小城乡差距；之后，国务院提出了"以城带农、以工带农"的发展措施，从多角度出发维护和支持农业发展；2006年，中共中央出台的1号文件中指出，尽快构建以城带农、以工带农的新型长效发展制度；次年，1号文件又将这一发展要求改变为"多予少取放活、以城带农、以工带农的发展举措"。在发展战略不断调整的背景下，如农业补贴、农业税取缔等扶持农业发展政策陆续出台。

第二，全面制度安排统筹城乡经济社会发展。中共十六届三中全会在2003年召开，本次会议中提出"五个统筹"，其中的"统筹城乡发展"是重中之重；2006年，中共中央为了实现城乡经济社会统筹目标，又重新部署了社会主义新农村建设发展措施；党的十七大报告中，又提出构建新的城乡经济社会发展格局；2008年，中共中央提出找寻有助于城乡一体化发展的制度体系。通过农村改革深化、缩短城乡发展差距等，尽可能地改善城乡之间的关系，同时出台如收入分配制度、就业制度等多项制度，以此扶持并推动中国农业发展，力求将统筹城乡经济社会发展引入高速发展的道路上。

第三，进行社会主义新农村建设。在统筹城乡经济社会发展过程中，中共中央非常注重社会主义新农村建设发展功能和作用。无论是党的十六大还是党的十六届三中全会，中共中央均从"民主管理、乡村文明、生活富裕"等角度出发，力求打造社会主义新时代下的新农村，并希望以此来推动城乡协调发展步伐。同时，根据农村的全局发展情况，对统筹城乡经济社会发展中的新农村建设功能进行全面考虑，并从社会发展、农民收入渠道丰富等方面出发，实行社会主义新时代背景下的新农村建设，以新农村建设来协调城乡经济社会发展。这项举措也代表着中国的城乡关系开始步入一个新的发展阶段。

通过上文的整理与归纳，可知本阶段中国政府颁发了众多相关文件，提出了许多重要举措。具体如表2-4所示。

表2-4　2001—2009年国家出台的关于城乡发展的重要文件及举措

年份	国家出台的重要文件/召开的重要会议	重要举措
2001	《中华人民共和国国民经济和社会发展第十个五年计划纲要》	加强农业基础地位；首次明确提出实施城镇化战略；促进城乡共同进步
2002	党的十六大提出全面建设小康社会的战略目标	提出"统筹城乡经济社会发展"的战略构思，加快城镇化进程；全面建设小康社会
2003	党的十六届中央委员会第三次全体会议	明确提出"统筹城乡发展"，并将其放置"五个统筹"之首；农业标准化建设
2003	《中华人民共和国农村土地承包法》施行	以法律形式赋予农民长期的土地承包经营权
2004	《中共中央　国务院关于促进农民增加收入若干政策的意见》	建立对农民的直接补贴制度，促进农民增收
2004	12月中央农村工作会议	提出"两个趋向"重要论断，中央开始构建"工业反哺农业、城市支持农村"的"三农"政策体系

续表

年份	国家出台的重要文件/召开的重要会议	重要举措
2005	《中共中央 国务院关于进一步加强农村工作 提高农业综合生产能力若干政策的意见》	坚持"多予少取放活",强化支农政策,加强农业综合生产能力建设,深化农村改革,实现农民持续增收
	党的十六届五中全会	提出"生产发展、生活宽裕、乡风文明、村容整洁、管理民主"的建设社会主义新农村
2006	《中共中央 国务院关于推进社会主义新农村建设的若干意见》	提出"加快建立以工促农、以城带乡的长效机制";农业税全面取消
	《中华人民共和国国民经济和社会发展第十一个五年规划纲要》	改善农村面貌;培养新型农民
2007	《中共中央 国务院关于积极发展现代农业 扎实推进社会主义新农村建设的若干意见》	提出加大农业投入、加快农业基础建设、推进农业科技创新、培养新型农民、深化农村综合改革
	党的十七大报告	提出建立以工促农、以城带乡长效机制,形成城乡经济社会发展一体化新格局;深化农村综合改革;设立综合改革试验区;实施社会主义新农村建设
2008	《中共中央 国务院关于切实加强农业基础建设进一步促进农业发展农民增收的若干意见》	农业基础建设;提出探索建立促进城乡一体化发展的体制机制
	党的十七届三中全会通过《中共中央关于推进农村改革发展若干重大问题的决定》	提出建立城乡经济社会一体化体制机制。对农村改革发展作出了新的战略部署,明确了到2020年农民人均纯收入比2008年翻一番的目标
2009	《中共中央 国务院关于促进农业稳定发展 农民持续增收的若干意见》	加大对农业的支持保护力度、稳定发展农业生产、强化现代农业物质支撑和服务体系、完善农村基本经营制度、推进城乡经济社会发展一体化

资料来源:中国政府网站相关资料整理。

（二）推动广州农村改革向纵深发展

第一，改革农村税费制度，从法律层面出发缓解广大农民负担。广州市在2002年被选定为农村税费改革试行区。整个农村税费改革分为三大阶段，其通过逐步降低的方式在2004年达到了农业税免征目标，与全国其他地区的农业税费免征开始时间相比提前了两年之多。为贯彻落实中央精神，从2004年1月1日起，广州全市免征农业税。此举使广州提前实现了国家五年内取消农业税的要求。经过两次税费改革，广州市农民负担仅为0.32%，远低于中央规定不超过5%的水平，表明广州市农村税费改革彻底破除了对农民的不平等待遇，让农民真正享有"国民待遇"，对广州城乡统筹发展起到积极推动作用。

第二，加强土地管理，促进农村土地经营权流转。为加快建立形成"以工促农、以城带乡"长效机制，着力改革城乡二元土地管理体制，在家庭承包经营的基础上，广州市提高了农村土地承包经营权流转速度。2009年，广州市政府出台了《广州市农村土地承包权流转实施方案》，这项文件为土地流转工作的全面实施提供了法律依据。加强和改进留用地管理，按照集中留地、统筹利用原则，统一规划留用地集中安置区，探索由各行政区牵头统筹经营留用地的模式，改变留用地分散、低效利用现状，提高留用地使用效益。稳步推进土地制度改革，开展多种形式的易地补充开发耕地资源，建立耕地保护利益激励机制，推进"城中村"改造，加快征地制度改革等。

（三）着力推动社会主义新农村建设

第一，推进中心镇建设，加快农村城市化步伐。2002年，广州市政府通过《关于加快我市农村中心镇村建设的意见（草案）》，启动了中心镇规划和建设。2003年，按照"今日中心镇，明日卫星城"的理念，将 15 个中心镇的建设作为重心，每年各中心镇的定期投入资金为 0.15 亿元，持续 5 年不变。2004年，通过《关于进一步加快中心镇建设的决定》，改变了原本的 65 个城镇格局，将 65 个镇缩减为 35 个，并在其中选择 16 个作为中心镇，每个中心镇的人口约在 20 万人，占地面积约为 20 平方公里。2009 年，出台《关于进一步促进中心镇发展的实施意见》，要求加快中心镇建设与发展，加快基础设施向农村延伸、公共服务向农村覆盖、现代文明向农村传播。中心镇建设推进了广州城市化进程，加快了中心镇产业集聚发展，加强了中心镇生态文明建设，也进一步推进了山区镇经济社会协调发展。它不仅解决了广州市经济社会发展中的一系列深层次矛盾，也走出具有广州特色的社会主义新农村建设之路。

第二，进一步提升农业基建水平。广州市政府要以农村公共服务水平和综合生产能力的提升为目的，落实并推进四项工程：第一项为力求在 2004—2006 年间完成的"青山绿地"工程，总计投入资金为 12.5 亿元，涉及的土地面积达到 86 平方公里；第二项为力求在 2007 年完成的"五通"工程，即有线电视、水泥路、自来水、电话、电力等五通；第三项为城乡降灾防灾工程，总计投入资金为 81.26 亿元，整个项目工程牵涉 18 个小工程；第四项为力求在 2004 年完成的农田整治工程，整个工程投入资金约为 10 亿元，主要改造 2 万亩鱼塘和 70 万亩农田。

第三，建设文明村镇。在农村建设发展过程中，致力于文明村镇活动的建设与实施，力求在农村中形成一股新的发展风尚。加快小康村、文明村的建设步伐，注重进行农村基础设施的优化与升级，同时注重维护村落周边的生态环境。除此之外，还要加快农村改厕、改水进度，优化农村居民的生态环境和生存条件。近年来，在省政府的要求下，广州市政府陆续实施的

"两大会战""村村通"等举措,不仅改善了农村生活面貌,而且在农村中形成了良好的教育发展风气。不仅如此,随着广州市思想教育活动的不断深入,当地的陋习、不良风俗也开始逐步消退,并形成与现代文明相匹配的生活模式。相关实验显示,农村投入力度的提升无法影响经济发展,其会通过需求的刺激和内需的调动来间接带动经济进步。

(四)农村社会事业明显改善

党的十六大中统筹城乡发展政策提出之后,广州市政府一直遵循着相关发展要求,陆续出台一系列有助于农业发展的扶持政策,推动了当地农村经济社会发展。"十五"时期,广州市政府又加大了"以工带农"的发展力度,并为农业发展投入了110亿元扶持资金,陆续实行了10余项农业工程。它不仅改善了农村弱势群体生存困难问题,而且提升了农村居民的实际生活条件,如"读书难""看病难"等问题得到有效解决。在社会保障事业方面,广州市政府的改革改进措施也处于全国前列。在城乡医疗保险统筹方面,广州市改变了以往单一险种模式,将医疗保险范围辐射到多险种领域,丰富了医疗保险的覆盖范围,建设并完善了城乡医疗保险机制。广州医保局在2001年正式成立,同年年底又推出重大疫病医保和城镇职工医保机制,改革了以往单一医保模式,将医保体系辐射到全市全面范畴,同时实现了城乡医保制度的统筹发展目标。不仅如此,广州市政府在2005年还推出了灵活就业人员医保制度和新农合,并在医保险种丰富的基础上,实现参保人员的进一步扩大;次年,市政府又提升参保人员待遇水平,并对相关险种进行丰富;2008年,市政府又针对弱势群体提高了医保待遇,并为城镇居民提供基本保障,力求达到"应保尽保"目标。

(五) 经济迅速发展，但不平衡性凸显

第一，经济发展速度日益加快，居民收入水平持续提升。在广州经济高速发展的背景下，其全市 GDP 在 2005 年达到了 5115.75 亿元，相比 2000 年的 2492.7 亿元，同比上涨 1 倍之多。在城镇居民人均可支配收入方面，广州市在 2009 年达到了 27610 元，相比 2000 年的 13967 元年均上涨了 7.87%；在农村居民人均可支配收入方面，广州市在 2009 年达到了 11067 元，相比 2000 年的 6086 元年均上涨了 6.87%（见图 2-4）。不仅如此，农民负担也不断降低。广州从 2004 年开始落实中央提出的种粮直补政策，且直补力度持续上升，同时在农机、良种等购置方面也给予一定补贴。这一系列政策的实施充分调动了当地农民种粮积极性。

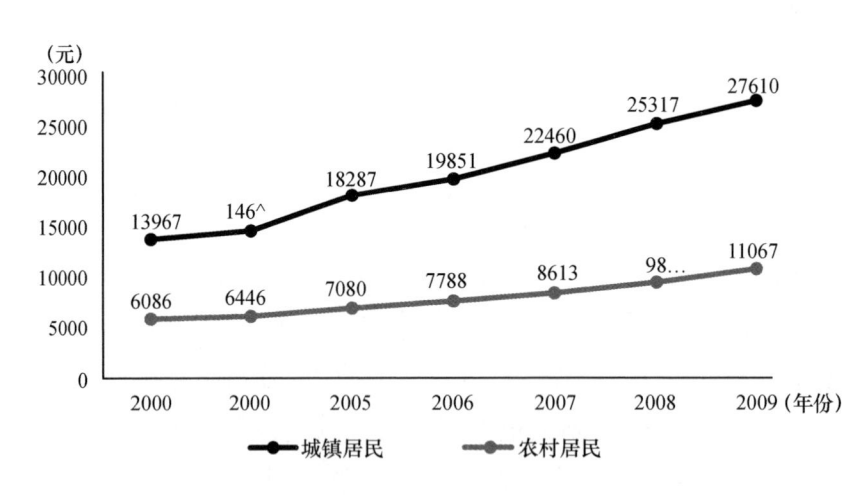

图 2-4 2000—2009 年广州城乡居民可支配收入情况

第二，城乡居民收入与区域经济发展不均衡。一方面，各区域经济发展不均衡。在全市 GDP 占比中，萝岗、天河、越秀三大区的总计占比高达 48.43%，而增城、从化、南沙三大区的

总计占比只有 9.5%，尤其是增城、从化这两大区不仅经济欠发达，而且下辖的村镇负债率还相对较高，区域内的农民生活水平较低。另一方面，在社会事业发展和基建设施方面也相对薄弱，如社保、文化、教育等问题有待解决。2005—2009 年的发展态势基本一致（见图 2-5、表 2-5）。

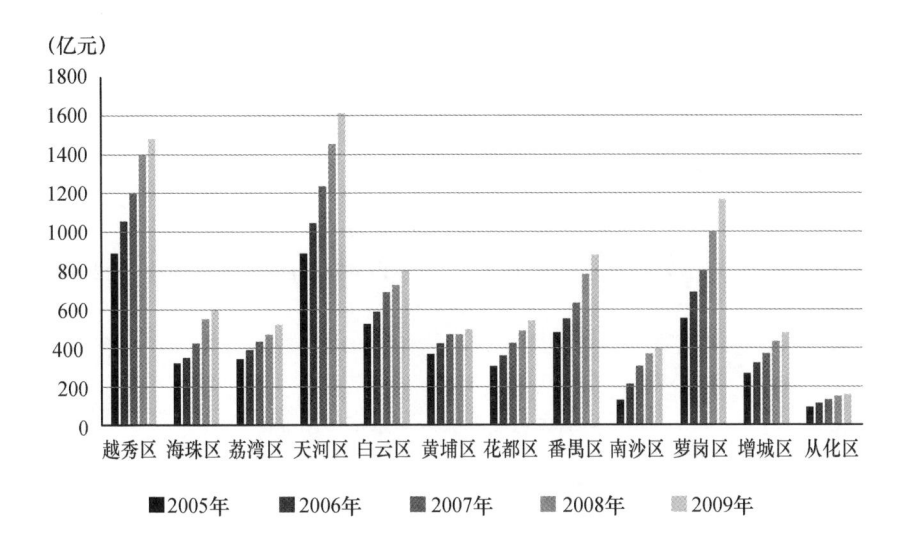

图 2-5 2005—2009 年广州市各区生产总值比较

表 2-5　　　　2005—2009 年广州市各区生产总值占全市比重　　　　单位：%

	2005 年	2006 年	2007 年	2008 年	2009 年
广州全市	100	100	100	100	100
越秀区	17.31	17.303	16.87	16.94	16.30
海珠区	6.17	5.74	5.95	6.68	6.59
荔湾区	6.67	6.32	6.05	5.72	5.74
天河区	17.29	17.29	17.38	17.56	17.67
白云区	10.24	9.66	9.69	8.78	8.88
黄埔区	7.06	6.91	6.62	6.12	5.39
花都区	5.85	5.95	5.92	5.75	5.94
番禺区	9.19	9.01	8.85	9.33	9.66

续表

	2005 年	2006 年	2007 年	2008 年	2009 年
南沙区	2.57	3.46	4.29	4.45	4.35
萝岗区	10.61	11.33	11.36	12.22	12.75
增城区	5.23	5.30	5.23	5.22	5.27
从化区	1.77	1.76	1.77	1.73	1.68

来源：2006—2010 年《广州统计年鉴》；数据从 2005 年广州市重新调整了行政区划开始。

第三，城乡居民收入差距显著。相关数据显示，在城乡居民收入比值上，广州市在 2009 年为 2.49：1，相比 1980 年为 1.88：1 扩大了 0.5 倍左右。除此之外，在恩格尔系数方面，相比城镇居民的 33.3% 而言，农村居民超出了 10.65%（见表 2-6）。

表 2-6　广州城乡居民可支配收入与恩格尔系数比较

年份	可支配收入/元			恩格尔系数/%	
	城镇居民	农村居民	城乡居民收入比	农村居民	城镇居民
1980	606.12	322.66	1.88	54.68	70.4
1985	1099.77	732.70	1.50	55.49	62.5
1990	2748.95	1538.93	1.79	49.05	60.6
1995	9038.16	4482.51	2.02	46.33	50.2
2000	13966.53	6085.97	2.29	38.21	42.6
2001	14694.00	6445.72	2.28	43.77	40.0
2005	18287.24	7080.19	2.58	43.22	37.0
2006	19850.66	7788.27	2.55	42.60	32.8
2007	22469.22	8612.84	2.61	42.82	33.7
2008	25316.72	9828.12	2.58	42.33	33.2
2009	27609.59	11066.69	2.49	43.95	33.3

资料来源：1981—2010 年《广州统计年鉴》，2002 年后采用新口径。

三 城乡一体发展阶段（2009—2017 年）

在广州统筹城乡发展过程中，本阶段是一个重要的时段，是对整个发展进度的布局和谋划，将城乡统筹作为改革课题，遵循上文提及的第二阶段发展路线，落实扶持农业发展的政策工程。为了拉近城乡之间的差距，推动地区经济发展步伐，广州市政府从 2009 年陆续出台了众多扶持性政策，并由制度层面出发为城乡一体化发展提供相关保障。在新农村建设背景下，进一步落实各项农村改革措施，实行入户和人口调控政策，引导广州城乡一体化步入快速发展轨道。

（一）推进落实国家城乡发展政策

第一，落实精准扶贫战略。基于小康社会的全面建设目标，遵循五大发展理念，以补短板、抓关键为根本，落实精准扶贫发展战略。根据不同地区居民情况，实施差异化的扶持措施，致力于扶贫攻坚战的胜利。以转移就业、产业扶持等方法措施实现脱贫目标；在医保范围内纳入弱势群体，并落实兜底扶贫政策。在脱贫过程中，要落实相关责任制度，严格审查各岗位责任情况。此外，将惠民政策、民生项目落实到贫困区域，进而更好地打赢脱贫攻坚战。

第二，落实结果性改革农村供给侧战略。在中央 1 号文件提出供给侧改革农业后，开始将其落到实际中。在具体应用中，一直将体制性问题与结构性矛盾作为考虑主要因素，因此需要通过转变方式、调整结构等进行改革。其一，通过改革将农村要素资源利用起来，以便拥有更多动能发展农村农业；其二，对传统的农业经营和生产方式进行调整；其三，对农村产业结构进行优化，做到融合发展各产业；其四，合理调整和优化农业原本生产和产品结构。

第三,积极建设城乡一体。中央在2009—2012年强调了一体化发展城乡社会与经济,要求在公共服务、基础设施和发展规划等方面实现一体化,并将现代化治理和现代化经济作为农村发展重点。2012年,针对城乡发展方面,党的十八大给出了相应的社会保障体系;次年制定了协调发展城乡的制度框架,在拥有明确城乡关系制度的同时,开始向基本公共服务倾斜。在此后十年中,中央城乡统筹发展力度进一步加强,在局部层面上满足了城乡一体化的发展要求,并且开始积极推进综合改革农村的工作,系统性、全局性的改革对创新农村机制体制起到了一定的推动作用。然而,进一步分析可以发现,因仍选择原本的思维模式、制度安排等,对农村发展产生了一定制约,使其位于弱势地位。

为了加强对相关政策文件的了解,本书对国家出台的文件和给出的重要举措进行了梳理归纳,得到如表2-7所示的内容。

表2-7　　2009—2017年中央重要文件及城乡发展的政策导向

年份	国家出台的重要文件/召开的重要会议	重要举措
2009	《中共中央　国务院关于促进农业稳定发展农民持续增收的若干意见》	把保持农业农村经济平稳较快发展作为首要任务,强化惠农政策,增强科技支撑,加大投入力度,优化产业结构,推进改革创新,千方百计促进农民收入持续增长
2010	《中共中央　国务院关于加大统筹城乡发展力度进一步夯实农业农村发展基础的若干意见》	推动城乡统筹,从资源要素向农村配置、缩小城乡公共事业发展差距、推进城乡改革等方面进行更加全面的制度安排
2011	《中共中央　国务院关于加快水利改革发展的决定》	第一次将水利提升到关系经济安全、生态安全、国家安全的战略高度。制定和出台了一系列加快水利改革发展的新政

续表

年份	国家出台的重要文件/召开的重要会议	重要举措
2011	《全国农村经济发展"十二五"规划》	加快发展现代农业；实施区域发展总体战略；健全城乡居民社会保障体系；强化城乡社区自治和服务功能
2012	《中共中央 国务院关于加快推进农业科技创新持续增强农产品供给保障能力的若干意见》	提出"依靠科技创新驱动，引领支撑现代农业建设；提高市场流通效率，切实保障农产品稳定均衡供给"等内容
	国务院印发《全国现代农业发展规划（2011—2015年)》	首次系统提出了现代农业发展指导思想和奋斗目标
	党的十八大	提出要形成"以工促农""工农互惠"的新型工农关系和"以城带乡""城乡一体"的新型城乡关系
2013	《中共中央 国务院关于加快发展现代农业 进一步增强农村发展活力的若干意见》	强调可有序流转农村土地承包经营权，对于农民合作社、家庭农场等主体的土地流转给予支持；实行多项补贴、补助措施，帮助专业大户、联户经营主体更好地发展
	党的十八届三中全会	强调要不断完善体制机制，构成以城带农、以工带农的新型城乡发展模式，并在新型城乡关系发展过程中，始终将"城乡一体化"发展作为根本目标
2013	中央城镇化工作会议	强调农民、农村、农业问题的解决要从城镇化角度入手，引导并加快农业转移人口市民化速度
	中央农村工作会议	指出在维护土地承包关系的同时，根据相关法律法规对土地流转过程中的各项权利进行维护
2014	《中共中央 国务院关于全面深化农村改革 加快推进农业现代化的若干意见》	指出要不断提升农业扶持力度，构建长效、可持续的农业发展机制，不断优化农村土地改革制度，建立新型的农业发展模式，提升农业融资创新速度
	国务院印发《关于建立统一的城乡居民基本养老保险制度的意见》	在全国范围内部署城乡统一化的居民养老保险机制

续表

年份	国家出台的重要文件/召开的重要会议	重要举措
2014	国务院公布《关于进一步推进户籍制度改革的意见》	加快户籍体系改革速度，尽快进行户口迁移放宽政策的落实
	党的十八届四中全会	指出小康社会的全面建设目标
2015	《中共中央 国务院关于加大改革创新力度 加快农业现代化建设的若干意见》	强调尽快完成现代农业建设，持续提升农民整体收入，并落实农村依法治理工作
	国务院印发《关于全面实施城乡居民大病保险的意见》	指出力求在2015年末实现大病保险对全部城乡参保居民的覆盖
	中央扶贫开发工作会议	强调2020年保证农村贫困人口做到不愁吃穿的同时，保证其住房、医疗和义务教育
	党的十八届五中全会	强调了五大发展理念，包括开放、协调等，并利用其对城乡发展提供指导
	国家发改委等十部委联合发布《关于结合新型城镇化开展支持农民工等人员返乡创业试点工作的通知》	为农民工返乡创造良好的条件，打破原本的壁垒，以便提高其返乡创业成功率和参与率
2016	《中共中央 国务院关于落实发展新理念 加快农业现代化实现全面小康目标的若干意见》	在结构性改革农业供给侧的过程中，可通过协调发展城乡的方式促使城乡和农村得到同水平的公共服务和基础设施建设
	《全国农村经济发展"十三五"规划》	改进和优化城镇化布局；推进农业向市民化方向转变；积极发展信息化和技术装备，促使农业发展得到相应保障；保证农产品安全
	国务院印发《推动1亿非户籍人口在城市落户方案》	在落户限制开放的同时，对原本落户渠道进行拓展，以便农村进城发展
	中共中央办公厅、国务院办公厅联合下发《关于完善农村土地所有权承包权经营权分置办法的意见》	三权分置给出了平等保护经营权等内容，同时也确定了经营权、所有权等相互关系和权能
2017	《中共中央 国务院关于深入推进农业供给侧结构性改革 加快培育农业农村发展新动能的若干意见》	主要目标是保证有效供给和使农民获得更多收入，可通过供给侧结构改革农业的方式发挥出农村农业新动能作用，以便成功创建现代化农业

资料来源：中国政府网站资料整理。

(二) 广州城乡统筹机制初步形成

广州市委和市政府于 2009 年初颁布了《关于加快形成城乡经济社会发展一体化新格局的实施意见》。意见中明确强调，根据国家规定和引导，将在 5—8 年内创建一体化发展城乡社会经济的体制机制，在具体建设过程中，注意将全域广州充分体现出来，并强调通过上述机制创建和现代化发展较为相符的新型城乡关系。这也是城乡统筹发展的主要目标，以便在生态文明、物质文明等方面不断缩小城乡发展差距。为了落实上述意见中的规定和目标，保证各项工作能够顺利实施，同年 5 月又制定了《关于推进城乡社会保障一体化发展的实施意见》等配套文件，代表广州为实现一体化城乡社会经济发展，开始积极探索农民建房、社会保障等方面的内容。同年 7 月，再次制定了相关配套文件，表示可结合实际情况用市场评估定价渠道原本征地拆迁补偿中的政府定价，对当地龙头企业积极发展农业和开展相关连锁店予以鼓励与支持，且保证 2011 年底前参加养老保险的居民要超过八成。为支持农民集中居住，五个重点中心镇政府被赋予相应的管理权限。在农村经济发展中，节约土地成为用地亮点方案。如表 2-8 所示的配套文件进一步细化和丰富了意见中的内容，在一定程度上为开展相关工作提供了辅助作用。

表 2-8　　2009 年广州市委、市政府印发的"1+12"文件

时间	文件名称
2009 年 1 月印发主体文件	《关于加快形成城乡经济社会发展一体化新格局的实施意见》

续表

时间	文件名称
2009年5月出台第一批5个配套文件	《关于推进城乡基础设施建设一体化发展的实施意见》
	《关于推进城乡社会保障一体化发展的实施意见》
	《关于推进城乡商品市场体系一体化发展的实施意见》
	《关于推进城乡社会管理及行政管理一体化的实施意见》
	《关于进一步解决农民建房问题的实施意见》
2009年7月出台第二批7个配套文件	《关于推进城乡规划一体化的实施意见》
	《关于推进城乡产业布局一体化的实施意见》
	《关于推进城乡公共服务一体化发展的实施意见》
	《关于推进城乡劳动就业一体化发展的实施意见》
	《关于推进城乡户籍制度改革的实施意见》
	《关于统筹城乡一体化发展土地管理工作的实施意见》
	《关于进一步促进中心镇发展的实施意见》

资料来源：广州市政府网站资料整理。

（三）推进城乡统筹系列制度改革

一是推进简政强镇，转变政府服务职能。建设服务型政府，进一步深化镇综合配套改革，推进体制创新和管理创新。2011年3月，广州市出台了《广州市简政强镇事权改革实施意见》，以简政强镇事权改革为核心，转变政府职能，加大向社会和市场的简政放权力度，降低市场准入门槛，推进"一站式"审批向基层延伸，减少行政审批管理层级。更加注重社会管理和公共服务，下放管理权限，下移管理重心，增强镇的活力和实力。

二是大力推进城乡统筹土地管理制度改革试点。利用2012年广州成为全国城乡统筹土地管理制度创新试点城市的契机，成立市土地管理委员会，统筹土地资源开发利用，出台《广州市农村村民住宅规划建设工作指引（试行）》，实现农村集体土地确权登记基本全覆盖。在城乡融合发展中，可创建统一的用地交易市场，允许流转建设用地和农村集体土地的使用权与经营权。在建设农村住房方面，为农民拥有更好的居住条件，可对原本大基地建房管理制度予以改进和完善。此外，为使更多居民居住在农村与新型城镇，建设中心城镇工作可继续推进。

三是规范农村集体资产管理，促进集体资产保值增值。2011年始，广州全面推进农村集体资产管理。在资金方面，实施村级财务预决算制度，加强对农村集体收入、资金来源的管理，防止集体收入资金"体外循环"。在资产方面，集体经济组织以招标投标方式承包、租赁、出让集体资产，以参股、联营、合作方式经营集体资产等，必须进行资产评估，评估结果还要按权属关系经集体经济组织成员的全体会议或代表会议确认。在资源方面，集体建设用地收益要严格实行专户存储、专账管理、专款专用、专项审计监督。大力推行村账村财"双代管"制度。此外，对集体经济规模较大且收益稳定的地方，当股份制改造农村集体经营性资产资源时，应予以鼓励和支持，并通过创建股东代表大会等机构使内部控制机制得到进一步强化。鼓励和支持集体经济组织利用资金、资产和资源，以入股、合作等形式进行合作，搞多元化经营。

（四）建设幸福社区和美丽乡村

按照"统筹城乡建设、推进城乡发展一体化"的目标，补齐农村发展短板，改善城乡居民生产生活环境。在开展创建幸福社区活动中，可结合不同类型建设相应类型的幸福社区标准，并在健全原本服务功能的同时，建设相关服务设施，以便得到和谐、温馨的家园。在建设美丽乡村试点方面，从2011年开始，增城、花都、从化等区全面启动美丽乡村建设，结合不同地区实际情况做好规划设计村庄工作，真正做到因地制宜，及时升级优化信息服务网、农村路网等。对村庄环境进行整治方面，美化绿化村庄和改造农村泥砖房等工作基本完成，保护和修缮的古村落工程也呈现了岭南乡村特色。在多年投入建设后，广州于2017年得到了完善的公共服务设施与基础设施，高速公路达到乡镇地区，自然村超过百人后也做到了通公路。

目前，广州行政村已达到100%的光缆覆盖率，行政村和市内各镇区已基本覆盖4G网络。亮化农村道路工程满足了农村对灯和路方面的需求，并且在城乡水利减灾防灾工程体系上，主要水利设施如泵站、水闸等得到了不断优化，有效提升了农村基础设施水平。

（五）探索创新扶贫开发模式

一方面，实施精准脱贫。主要指改进和优化对口扶贫开发长效机制的同时，对扶贫开发模式进行创新。广州市在2010年拥有10604.48亿元的生产总值，超过了1万亿元，并且为解决不均衡的区域发展，于2011年开始实施精准扶贫，而全国在2018年才开始推行精准扶贫。2011—2012年为第一轮，以8个北部山区镇为主，积极补充上述地区在建设基础设施方面存在的不足与短板。2013年开始启动下一轮精准扶贫工作，2016年结束。相比于前一轮，第二轮标准和起点更高，帮扶对象覆盖了6个地区的25个镇，经过不断努力实现了全部脱贫。广州农村在经过两轮扶贫后，整体的生活生产条件得到明显改善，并且在2017年为巩固前两轮扶贫开发成果，对596个北部地区村投入10亿资金。

另一方面，城乡产业联动进一步加强。在农业发展中，发挥出第二产业和第三产业在此过程中的作用和价值，使对接城乡的流通经营网络更为完善，实现紧密联系城乡产业的目的。与此同时，为了加快对现代农业的发展速度，对农业社会化服务体系予以改进和完善，以便得到集约化、规模化的都市农业。结合农村发展培育新型农村金融机构来发展特色乡村休闲旅游业和现代性科技农业，促使城市服务业拓展到农村地区、副中心与新城区。此外，进一步加强农村创业就业培训力度，不断改进和完善集体经济共享机制。

（六）完善城乡公共服务体系

制定了《广州市基本公共服务均等化重点工作实施方案（2013—2016 年）》，强调可通过均衡配置城乡在卫生、医疗、教育等方面的公共资源来逐渐缩小城乡发展在公共服务方面存在的差距，同时为开展相关工作提供一定依据。

1. 坚持均衡发展，教育公平得到新保障

农村地区积极推进义务教育，在公共财政保障范围内全面纳入农村义务教育，促使农村地区的教育转变为城乡同等义务教育制度。其一，开展信息化教育，广州在开展数字化教育的过程中，创建了市级公共服务平台，在网络学习空间上保证中小学做到人人通，同时保证各班级均能享受到优质资源。其二，在建设教育基础设施方面取得了明显突破，积极推进均衡发展基础教育办学条件，并且为了解决教育设施设备短板，制定了相应的附加项目建设方案。其三，不断增加在教育保障方面的财政投入。全市 2010—2017 年共计支出 1935.66 亿元用于教育财政，2017 年在地方财政中的占比为 11.60%，而 7 年前即 2010 年仅有 7.57%，如图 2-6 所示，增长 4.03%。其四，实现日益均衡的城乡教育资源配置。11 个区均满足国家义务教育均衡发展区的基本要求，其中白云、海珠等 8 个区成为教育现代化先进区，百校扶百校的行动计划顺利完成，得到的"1+N"规划成果对公平配置教育资源也起到一定促进作用。其五，在建设平安校园方面取得了一定成效，基本做到全面覆盖整治清理校园周边。其六，顺利进行师资建设，在省内开展改革教师职称试点工作，开展八大教师培训工程，如提升师德修养等，

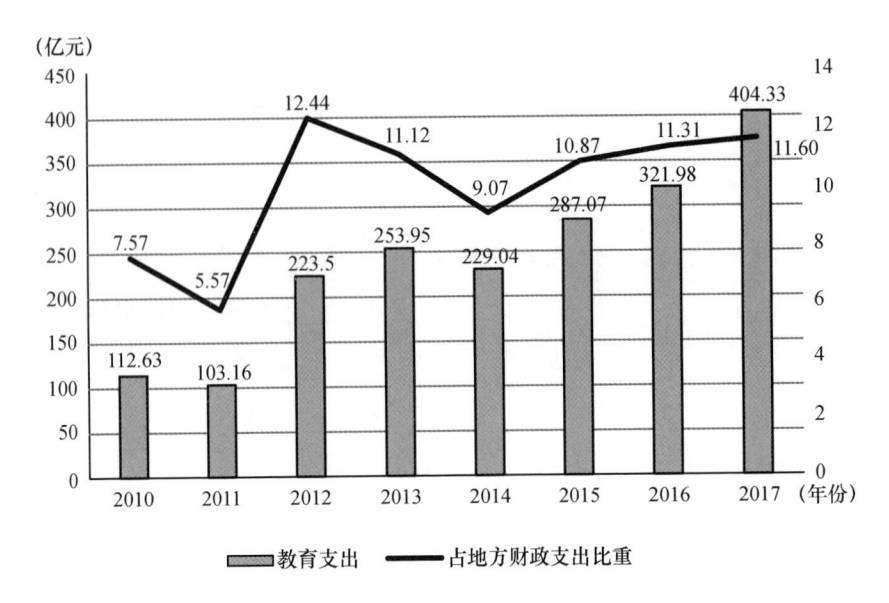

图 2-6 2010—2017 年广州教育经费支出及占财政支出比重情况

推进培养优秀校长、百千万人才等工程。其七，保障特殊群体和随迁子女教育机会。广州 11 个区均针对随迁子女教育问题制定了相应的实施细则，农村地区也形成了越发健全的公共文化设施网络，文化事业蓬勃发展，基本实现农村十里文化圈。

2. 实现城乡居民社会养老保险制度并轨和全覆盖

社会养老保险制度经过不断改进和优化，基本实现了城乡统筹，发展目标也开始成为全面覆盖参保对象，并非原本的制度性覆盖。2008 年，广州为保障老年群体生活质量制定了相应的养老保险试行办法，并于两年后正式制定实施方案，实现了全面覆盖养老社会保险制度的目的。在此后的发展中，也制定了《城乡居民社会养老保险试行办法》等文件政策，在得到城乡一体化最低生活保障制度的同时，也实现了老年人养老服务城乡全覆盖，基本建立了城乡一体化养老保险制度。2014 年，广州调整城乡最低生活保障标准，以后连续九年提高城乡低保标准，如表 2-9 所示。1997 年，城乡低保差距为 1.91∶1，

2015年则变为1∶1，基本实现城乡一体化最低生活保障制度。

表2-9　　2010—2017年广州市城乡最低生活保障水平情况

	2005	2009	2010	2011	2012	2013	2014	2015	2016	2017
城市低保（元）	321	355	399	487	530	540	600	650	840	900
农村低保（元）	169	271	304	377	487	506	577	650	840	900

数据来源：广州市人力资源和社会保障局网站信息整理。

广州在就业和社会保障方面不断增加财政投入力度。相比于2010年，2017年广州在就业和社会保障方面的支出增长2.07倍，分别为114.12亿元和236.5亿元；广州市2010—2017年在就业和社会保障方面的投入共计达到1315.82亿元。从图2-7中可以了解到，广州每年在地方财政支出中的占比约为7%。

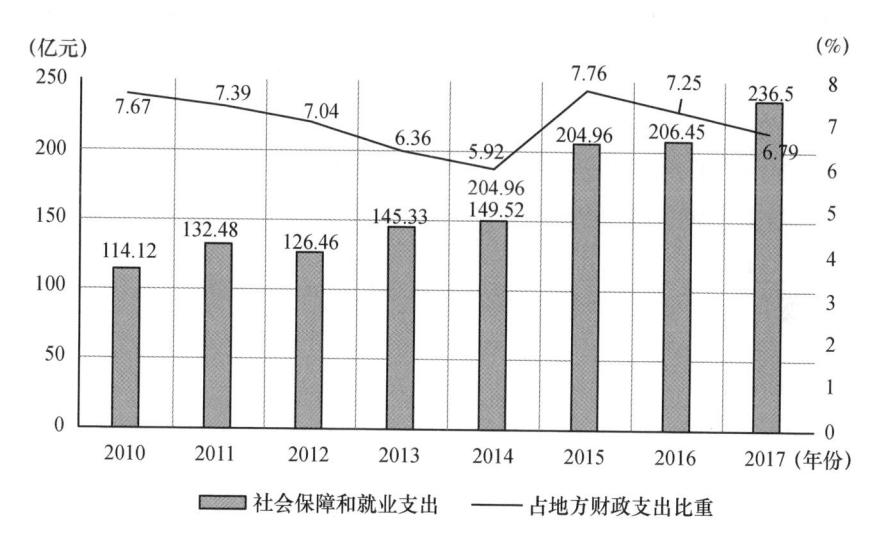

图2-7　2010—2017年广州社会保障和就业财政支出情况

3. 构建覆盖全体居民的医疗救助体系

广州积极改革医疗保险制度，以便得到具有一定特色的社会医疗保险制度,这种改革方式对一体化城乡医疗也会起到一定的促进作用。从其改革变化可以了解,从 2010 年开始进行市级统筹社会医疗保险;2013 年开始合并新农合保障制度和城镇养老保险制度,在此过程中构建了城乡居保制度;2013 年,正式通过《广州市社会医疗保险条例》,为开展相关工作提供了制度保障;2015 年对新型农合与城乡医保进行整合,在其颁布的《广州市城乡居民医保办法》中强调,在医疗保障待遇方面,保证城乡居民的平等性和公平性。不仅如此,针对大病,还制定了免缴费享受相应政策的方案。这种方案政策补充、救助保险医疗和基本相结合的医疗保险模式更具优势,在一定程度上也代表广州在该方面较为先进。经过不断发展和努力,广州基本创建了相互衔接、制度开放且覆盖全市人民的基本医疗保险体系,统一了城乡基本公共卫生服务经费,在农村地区也创建了半小时医疗服务圈。作为广东省唯一的试点城市,广州市在 2017 年成功对接国家跨省异地结算平台,代表在城乡医疗保险方面已取得明显进步。

为了推进落实医疗卫生改革,广州在财政层面增加了投入力度,相比于 2010 年,2017 年的财政投入增长 3.94 倍,达到了 202.35 亿元;2010—2017 年,广州市在计划生育和医疗卫生方面共计投入 956.28 亿元。在地方公共财政中,医疗卫生方面的支出增长到 5.81%,而 2010 年仅有 3.46%。广州医疗水平也开始随着财政投入的增长而有所提高,有了明显提升(见图 2 - 8)。

(七)城乡居民收入差距不断缩小

其一,农民收入增长速度有所加快。农民收入在纵向推进美丽乡村建设后取得了一定发展,在建设新农村方面也取得了明显成效。城乡居民在 2017 年的可支配收入分别为 55400 元和

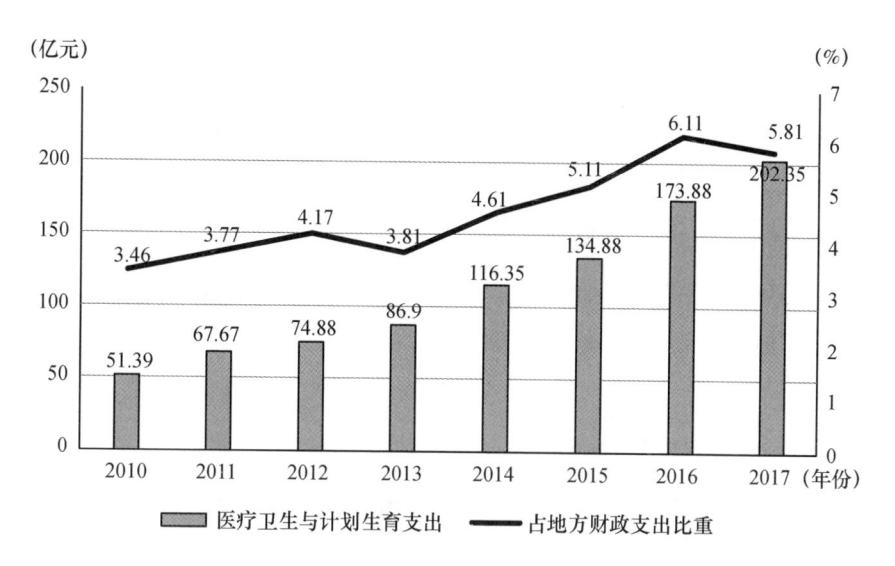

图 2-8　2010—2017 年广州医疗卫生领域财政支出情况

23484 元，相比于前 7 年增长率分别为 8.82% 和 9.21%，标志着农民收入增长相对较快。这种发展变化在一定程度上缩小了城乡居民收入差距。

其二，缩小了城乡居民收入差距。广州市城乡居民在 2010—2017 年的可支配收入比值呈现出下滑的趋势，2017 年二者比值为 2.36∶1，而七年前为 2.42∶1，代表二者差距有所缩小（见图 2-9）。

其三，形成了多元化农村居民收入格局，且各类收入呈现出不断增长的发展趋势。农村居民在 2017 年人均拥有 17324 元工资性收入，占据 73.8% 的可支配收入，显然在农村居民收入中，此类收入仍占据较大比重；11.4% 的可支配收入为人均家庭经营净收入，为 2687 元；9.2% 的可支配收入属于人均财产净收入，为 2156 元，此类收入占比有所增长，在收入增长中也成为新亮点；5.6% 的可支配收入属于人均转移净收入，为 1317 元，此类收入同样呈现出逐渐增长的发展趋势。

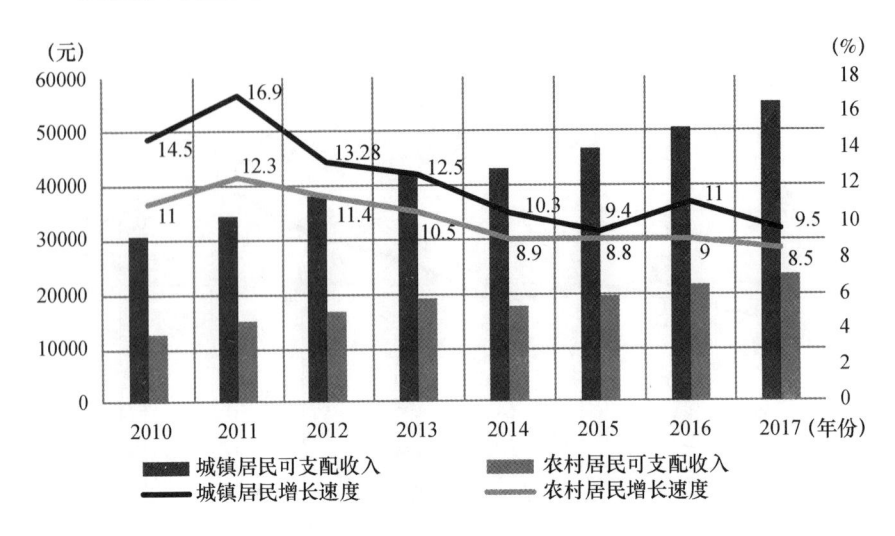

图 2-9 2010—2017 年广州城乡居民收入情况

通过分析可以发现,广州在2014—2017年的转移性、工资性等收入变化虽存在差异,但是却均有所增长。对收入结构进行分析后发现,广州农村居民收入超过七成来源于工资性收入,标志着在农村居民收入中,工资性收入仍占据较大比重;人均可支配收入中的人均经营净收入有所下滑,财产净收入较为稳定,主要保持在9.0%的占比,占比额度最低的为转移净收入,年均仅有5.4%(见表2-10、图2-10)。

表 2-10 2014—2017年广州市农村居民收入总量及构成情况

指标	总量/元				构成/%			
	2014	2015	2016	2017	2014	2015	2016	2017
人均可支配收入	17663	19323	21449	23484	100.0	100.0	100.0	100.0
人均工资性收入	12531	13998	15890	17324	70.9	72.4	74.1	73.8
人均经营净收入	2658	2543	2468	2687	15.1	13.2	11.5	11.4
人均财产净收入	1645	1684	1913	2156	9.3	8.7	8.9	9.2
人均转移净收入	829	1098	1178	1317	4.7	5.7	5.5	5.6

资料来源:广州市统计局网站、2014—2017年统计手册相关数据整理。

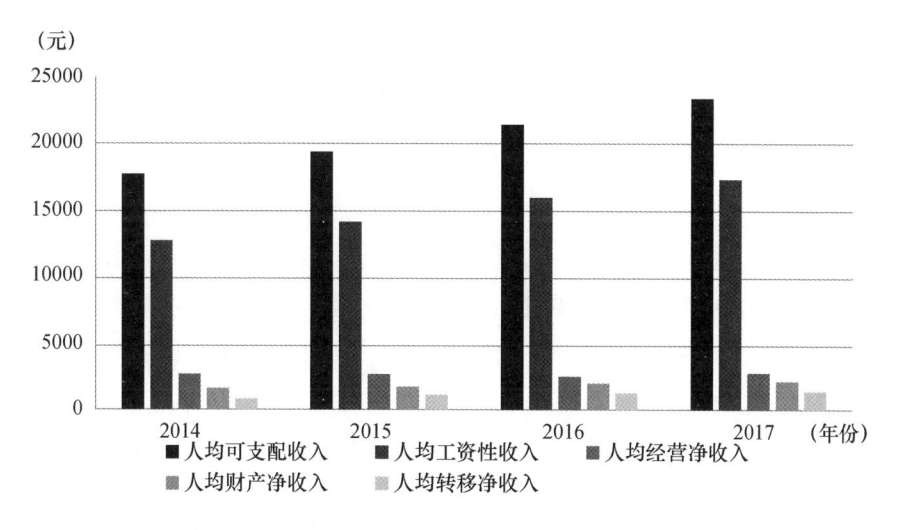

图2-10 2014—2017年广州市农村居民收入构成情况

四 城乡融合发展阶段（2017年至今）

党的十九大在提出乡村振兴战略的同时，也强调了在现代化发展中，要做到优先发展农村农业，并且制定了相应的政策文件，将国内11个地区作为融合发展城乡的试验区。上述行为代表国家开始步入城乡融合发展时期。广州地区面对国家要求也开始积极创建新型城乡关系，并通过制定《中共广州市委广州市人民政府关于推进乡村振兴战略的实施意见》等规定的方式确定了自身需要实施的乡村振兴道路和相应实施方案。经过不断的努力，广州当前在城乡融合发展方面已初步显现成效，有效提高了农村农业地位，并且在此过程中缩小了城乡差距。

（一）精准实施国家城乡发展政策

其一，推进城乡融合发展，重塑城乡关系。党的十八大强调了发展农村的必要性，要求及时推进和落实城乡发展一体化机制体制，一体化发展公共服务、城乡规划等，以便在公共资源和要素平等交换中保证配置的均衡性,得到城乡一体、以城带乡的新型城乡关系和工农关系,确保在城乡社会经济统筹发展的情况下,将城市和乡村置于同等位置,或将农村地区作为发展重点。

其二,优化城乡融合发展机制体制,保证改革的全面性和具体性。在城乡融合发展机制体制上,国家和党均结合中国基本国情对其进行了规划和部署,同时制定了相应的政策方案,要求形成城乡协调发展的新型城镇化关系来协调发展城乡。不仅如此,在强调均等化城乡基本公共服务和均衡配置公共资源的同时,还从多维度如生态、文化等方面对城乡融合政策体系与机制体制予以改革和完善。

其三,落实乡村振兴战略。为了更好地推动农村地区的发展,党在一体化城乡发展中给出了相应的决策部署,强调将城乡置于同等位置的同时,将乡村视为整体,在此基础上通过发挥其主动性的方式激发其内在潜力。党的十九大也强调,可选择乡村振兴战略来建设现代化经济体系,并表示在党的工作中,"三农"问题属于亟须解决的问题,要做到优先发展农村农业,并在健全城乡融合发展政策体系和机制体制的过程中,遵守生活富裕、乡村文明等总要求,以便加快现代化农村农业进程。2018年,《中共中央 国务院关于实施乡村振兴战略意见》提出了全面部署实施乡村振兴战略的具体方案。上述规定体现党提高了对发展农村农业的重视,在将其置于城市同等地位的同时,根据农民生活、社会风气等综合要求优先发展农村农业,积极发展现代化农村农业,对中国城乡融合发展起到了明显的推动作用,也属于重要创举之一。

通过梳理归纳,本书梳理了国家从2017年至2020年制定的有关城乡融合发展的重要政策与文件(见表2-11)。

表 2-11 2017 年至 2020 年城乡融合阶段主要政策举措梳理

年份	国家出台的重要文件/召开的重要会议	具体内容
2017	《中共中央 国务院关于深入推进农业供给侧结构性改革 加快培育农业农村发展新动能的若干意见》	提出重农强农调子不能变，力度不能减，把农业农村工作的中心转移到推进农业供给侧结构性改革上来，协调推进农业现代化与新型城镇化，改革财政支农投入机制
	党的十九大报告	首次提出实施乡村振兴战略；建立健全城乡融合发展体制机制和政策体系；推动城乡义务教育一体化发展。明确农村土地承包期在第二轮承包到期后再延长30年
	中央农村工作会议	就实施乡村振兴战略作出重要部署：提出重塑城乡关系、城乡融合发展等工作重点；坚持工业、农业一起抓，坚持城市、乡村一起抓，把农业农村优先发展的要求落到实处
2018	《中共中央 国务院关于实施乡村振兴战略的意见》	提出推动城乡要素自由流动、平等交换，推动新型工业化、信息化、城镇化、农业现代化同步发展，加快形成工农互促、城乡互动、全面融合、共同繁荣的新型工农城乡关系，健全城乡融合发展体制机制和政策体系
	中央农村工作会议	提出加快形成工农互促、城乡互补、全面融合、共同繁荣的新型工农城乡关系，走城乡融合的发展道路
2019	《中共中央 国务院关于坚持农业农村优先发展 做好"三农"工作的若干意见》	提出坚决破除妨碍城乡要素自由流动、平等交换的体制机制壁垒；推进城乡基本公共服务标准统一、制度并轨，实现从形式上的普惠向实质上的公平转变
	《中共中央 国务院关于建立健全城乡融合发展体制机制和政策体系的意见》	提出重塑新型城乡关系，促进乡村振兴和农业农村现代化。到21世纪中叶，城乡全面融合，乡村全面振兴，全体人民共同富裕基本实现

续表

年份	国家出台的重要文件/召开的重要会议	具体内容
2020	《中共中央 国务院关于抓好"三农"领域重点工作 确保如期实现全面小康的意见》	提出脱贫攻坚实现全面小康。包括坚决打赢脱贫攻坚战、对标全面建成小康社会加快补上农村基础设施和公共服务短板、保障重要农产品有效供给和促进农民持续增收、加强农村基层治理、强化农村补短板保障

资料来源：中国政府网站资料整理。

（二）推动广州城乡规划布局一体化

从2017年提出乡村振兴战略以来，在推进新型城镇化过程中，广州始终坚持"以人为本、生态优先、产城互动、全民共建、富民惠民"理念，始终坚持规划引领，着力构建布局合理、功能互补、梯次有序、疏密有度的城乡空间发展格局，把新型城镇化与城乡规划优化相结合。编制形成《广州市国土空间总体规划（2018—2035年）》阶段成果，实现村庄规划全覆盖，农村人居环境整治不断深入。

（三）推动广州城乡产业融合发展

坚持新型城镇化与城乡产业升级相结合。实施乡村振兴战略，实现以城带产、以产促城、产城融合，集成农业的各个环节和各个要素，构建农村三产融合发展的长效机制。一是大力推进现代农业产业园建设，规划建设好7个省级现代农业产业园项目。推进规模化生产基地建设，强化"菜篮子"供给保障。制定《广州市现代农业产业园建设实施方案（2018—2020年）》，引领带动全市现代农业加速提质增效。二是全力推进粤港澳大湾区"菜篮子"工程建设，加快建设384个"菜篮子"基地。三是不断提升产加销一体化经营水平。推进农产品生产、加工、销售一体化经营，构建现代农业市场体系，打造一批现代产业一体化经营水平较高的上市公司和龙头企业。四是发展都市休闲农业。推进乡村休闲旅游产业发展水平不断提高。五是推进"互联网+农业"新业态，支持农业龙头企业应用电子商务拓展销售渠道，促进开展线上销售，拓展电商渠道。六是以乡村振兴为统领和抓手，着力抓好扶贫成果巩固工作。印发《巩固扶贫成果深入推进北部地区新农村建设实施方案》，下达各区巩固扶贫成果补助资金，精准扶持北部地区596个村发展，实现全面脱贫。至2019年，城乡居民收入稳步增加，城镇常住居民和农村常住居民人均可支配收入分别达到65052元和28868元，分别增长8.5%和10.9%，居民收入与经济增长同步（见图2-11）。

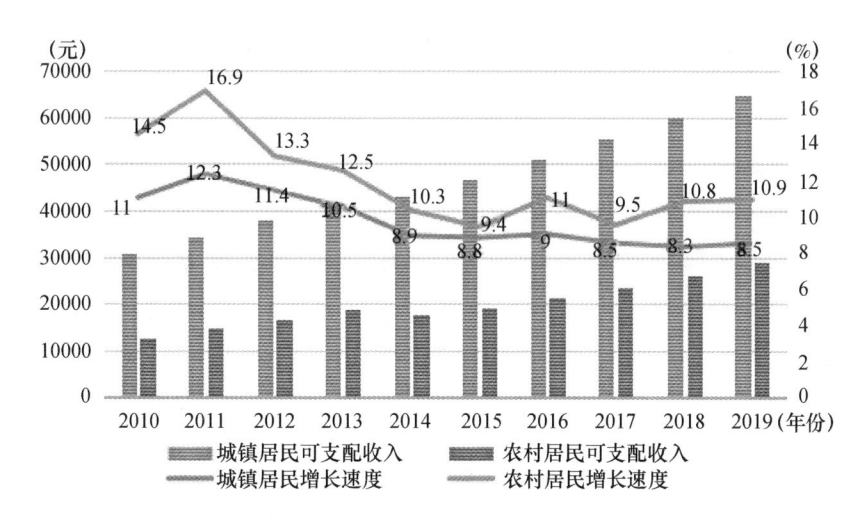

图2-11 2010—2019年广州城乡居民人均可支配收入及增速

（四）推进城乡基础设施一体化

坚持新型城镇化与公共服务提升相结合，补齐公共服务设施短板，着力提升基础设施供给数量和质量，结合实际情况健全相关基础设施，包括农村供水、电力和水利等，提升城镇综合承载能力和服务能力。全力做好特色小镇、名镇名村和美丽乡村保障,助力广州打造美丽城市,推进乡村振兴。一是提升电力基础设施一体化水平。优化乡村电力营商环境,加大投入,重点解决乡村配电网现状存在供电能力不足、台区重过载、配变低压线路供电半径长、电压质量差等问题。二是推动村村通光纤、宽带到户建设。印发实施《广州市信息基础设施建设实施方案(2015—2017年)》和《广州市信息基础设施建设三年行动方案(2018—2020年)》,到2017年,完成全市1142个行政村和1243个20户以上自然村光纤到村建设,在2020年全面实现全市20户以上自然村光纤全覆盖。

(五)城乡公共服务均等化取得实效

"十三五"时期,广州全面实施一体化城乡居民社会养老、教育、医疗卫生、文化体育、政务服务等基本公共服务城乡全覆盖。

一是社会养老保险实现更大覆盖面。制定实施农转居人员并入城乡居民养老保险办法,实现制度平稳衔接,不断完善普惠共享的社保政策体系。至2019年,全市参加基本养老保险909.08万人,其中,参加城乡居民养老保险140.09万人,增长12.8%。参加社会医疗保险1302.20万人,增长4.4%,其中,参加职工社会医疗保险803.13万人,增长6.8%。参加城乡居民社会医疗保险达499.08万人,增长0.7%。年末参加失业保险644.20万人,增长5.8%,享受失业保险金人数为13.31万人,增长5.1%;参加工伤保险644.20万人,增长14.4%;参加生育保险644.20万人,增长7.3%。2017—2019年,广州城乡参加居民养老保险、社会医疗保险、失业保险、工伤保险和生育保险的人数不断增加(见表2-12)。

表 2-12　　2017—2019 年广州城乡居民参加社会养老保险情况

	2017 年	2018 年	2019 年
基本养老保险（万人）	921.30	928.37	909.08
其中：城镇职工基本养老保险	774.73	783.52	768.99
城乡居民养老保险	125.57	124.22	140.09
农转居养老保险	21.00	20.63	—
社会医疗保险（万人）	1161.68	1247.70	1302.20
其中：职工社会医疗保险	684.28	751.95	803.13
城乡居民社会医疗保险	477.40	495.75	499.08
失业保险（万人）	540.80	608.71	644.20
工伤保险（万人）	579.31	639.87	644.20
生育保险（万人）	518.92	585.3	644.20

资料来源：2017—2019 年《广州市国民经济和社会发展统计公报》。

二是大力提升农村义务教育的均衡优质水平。启动"百校扶百校"行动，缩小了区域间义务教育办学差距，全市100%的镇均建有1所以上规范化公办中心幼儿园，100%的公办义务教育学校为标准化学校。

三是农村卫生建设稳步推进，公办优质医疗资源向增城、从化、花都等区延伸辐射，至2018年村卫生站应设已设率达到100%。

四是农村公共文化服务深入发展。推进落实农村十里文化圈建设，主要利用文化室、农家书屋、闲置校舍、党群服务站等公共场所，丰富农村文化生活，精心打造村综合性文化服务中心建设。

五是和谐稳定劳动关系开创新局面。深入开展"根治欠薪"专项行动，突出抓好制造业、建筑业和政府工程项目欠薪治理，推进各项制度落实落地。出台广州劳动争议多元化解实施意见。

六是构建比较完善的来穗人员服务体系。建立"以居住证为载体、以积分制为办法"的来穗人员公共服务提供机制，规范积分制管理程序，搭建比较科学的积分指标体系框架，完善了来穗人员基本权益保障措施，基本形成具有广州特色的来穗人员积分制入户政策法规体系，积分制入户指标从2015年的4500个增至2019年的8000个。

（六）着力改善城乡人居环境

广州认真践行绿色发展理念，促进生态保护、环境优化与城镇发展相结合，以农村人居环境整治为突破口，改善城乡人居环境。一是制订实施全市农村人居环境整治三年行动计划，全面开展了以"三清理""三拆除""三整治"为重点的村庄人居环境整治，深入各区开展多轮农村人居环境整治工作培训与督导。全市超70%的村达到"干净整洁"标准，超40%的村达到"美丽宜居"标准，超额完成年度目标任务。二是结合中央环保督察"回头看"工作，加强农业面源污染防治，开展池塘养殖水治理及耕地土壤污染防治，组织全市畜禽养殖污染整治和畜禽养殖废弃物资源化利用工作，有效改善了农业农村生产条件。

（七）全力推动城乡融合的广州实践

花都区、从化区、增城区，作为广东唯一入选的广清接合片区的重要组成部分，全面融入国家城乡融合发展试验区建设。在试验区内选择一批产业园区或功能区，率先打造城乡产业协同发展先行区。在先行区内重点优化提升特色小镇、特色小城镇、美丽乡村和各类农业园区，创建一批城乡融合发展典型项目，实现城乡生产要素的跨界流动和高效配置。

在国家城乡融合发展中，增城区积极参与广清接合片区试验区创建工作。其一，积极制定城乡一体资源要素流动机制、城乡三次产业融合发展以及人才下乡机制，并通过积极发展产业的方式来引导人口集聚和强化综合实力，以便缓解城乡发展不均衡的不足。其二，对当前农村土地管理制度和集体产权制度予以改革和完善，并结合实际情况探索集体经营性建设用地入市方法。为满足乡村振兴资金需求，可加快发展乡村振兴基金，制定多元化投入保障机制，以便使乡村发展和乡村振兴获得更多工商资本。此外，可选择制度化管理农村住房，开展确权登记颁证集体建设用地、宅基地等。其三，开展片区示范引领工作。具体而言，可将增江街省级新农村连片示范区、白水寨片区作为推进重点，这样创建的美丽且生态宜居的乡村更符合国际一流湾区域建设要求；积极建设中心镇五联村和新塘东部的示范区；发挥九龙镇的带动作用，利用其来联动发展中新、太平等地发展，促使城镇组团发展后，融合发展广东中部示范区，进而在发展体制机制方面促使城乡融合得到一定发展。其四，加快富民兴村产业发展速度，通过开展美丽河湖、美丽田园等行动来提高人均环境水平，推动农村产业发展。

花都区大力开展示范片区探索，增强城乡融合发展的引领力。一是推动城乡产业融合发展，让农业更有奔头。深入推进农业供给侧结构性改革，加快建设以花卉、盆景、渔业为主题的现代农业产业园，推进热科院广州分院、绿沃川等项目建设，提升现代都市农业发展水平。大力实施"百企帮百村"工程，主动对接"双区"大市场，培育壮大一批龙头企业，建设特色农产品优势区。深入推进"一村一品、一镇一业"，推动港头岭南精品示范村、藏书院精品名村、红山村岭南精品名村等项目建设，打造一批乡村旅游特色品牌。二是推进城乡公共服务一体化，让农村更有盼头。加快农村生活垃圾和污水处理设施、"四好农村路"等建设，推动形成全域覆盖、普惠共享、城乡一体的基础设施服务网络。提升农村公共服务保障水平，推动中心城区优质教育资源向农村对接辐射，深化提升"一元钱看病",为乡村居民提供更便捷、更优质的服务。三是推动农村人居环境整治,让乡村更加美丽。深入开展"五个美丽"行动,力争80%以上行政村达到省定美丽宜居村标准,19个行政村达到省定特色精品村标准,让农村成为安居乐业的美好家园。四是推动深化农村综合改革,让农民更加富裕。深化农村各项改革,加快推进集体经营性建设用地入市,发展壮大村级集体经济。规范农村宅基地的统筹管理。创新留用地统筹开发利用模式,持续增加村集体和村民收入。

从化区将打造城乡融合发展平台载体。聚焦搭建城中村改造合作平台、城乡产业协同发展平台等重点试验任务,加快盘活城乡闲置资源要素,加快创建一批城乡融合发展典型项目。畅通城乡人口流动渠道,聚焦破除妨碍城乡人口流动的体制机制弊端,鼓励劳动力、人才在城乡间有序流动。此外,还将改革和完善农村土地制度。围绕完成"建立农村集体经营性建设用地入市制度、完善农村产权抵押担保权能"等试验任务,探索出台集体经营性建设用地入市政策,推动城中村、城边村、村级工业园等可连片开发土地依法合规整治入市。

第三章　广州城乡融合发展的主要成效

2018年以来，广州市深入学习贯彻习近平总书记"三农"工作重要论述、对广东重要讲话和重要指示批示精神，认真贯彻落实中央、省推进实施乡村振兴战略工作部署，举全市之力推进乡村振兴，努力在全省乡村振兴中当好示范和表率，乡村振兴工作不断取得新成效，城乡融合深入推进。2019年，广州农村居民人均可支配收入达到28868元，同比增长10.9%，比城镇居民增幅高2.5个百分点，城乡居民收入比从2017年的2.36∶1下降为2019年的2.25∶1；农业增加值为276.3亿元，同比增长3.7%。

一　城乡融合发展的政策创新不断加强

（一）体制机制创新稳步推进

2019年12月，国家发展和改革委员会、中央农村工作领导小组办公室等十八部门联合印发《国家城乡融合发展试验区改革方案》（下称《方案》），广清接合片区等11个地区被确定为国家城乡融合发展试验区，广清一体化的高质量发展将迎来更强劲的政策推动力。广东广清接合片区试验范围包括：广州市的增城、花都、从化区，清远市的清城区、清新区、佛冈县和英德市连樟样板区。其面积约9978平方公里。① 2020年以来，广州市加快推进花都、从化、增城三个区在建立城乡合理流动的人口迁徙制度、建立农村集体经营性建设用地入市制度、完善农村产权抵押担保权能、搭建城中村改造合作平台和搭建城乡产业协同发展平台上积极探索。

（二）强化城乡规划统筹

广州市成立了以市长为组长的市村庄规划领导小组，建立了"市指导、区负责、镇（街）具体组织、村参与"的工作机制，完成村庄地区发展战略规划、镇（街）村庄布点规划。搭建村庄规划编制管理信息平台，编制历史文化名村保护规划，划定保护范围并对非国有历史建筑给予修缮资金补助。推进国土空间规划先行先试，加快"多规合一"村庄规划，7个涉农区全部完成乡村建设规划编制，系统编制4种类型（集聚提升、城郊融合、特色保护、撤并消失）村庄名册。推进农房规划建设带方案审批和按图施工，制定村庄风貌提升和微改造指引，按4种类型、7个核心要素指导村庄环境整治与建设。

（三）激活农村土地活力

明确涉农区每年安排不少于10%的新增建设用地指标，市在年度土地利用计划中专项安排不少于1000亩用地指标用于乡村振兴项目。市、区两级制定实施集体建设用地建设租赁住房试点方案，优化建设用地报批程序，完善设施农用地正负面清单，形成点状供地操作试行规定、农村道路用地管理、非公寓式农村建房管理指引、农村建筑工匠管理等多个土地和建房政

---

① 《中共中央 国务院关于建立健全城乡融合发展体制机制和政策体系的意见》，《人民日报》2019年5月6日。

策,赋能农村人居环境整治。

(四) 加大财政资金投入

2019年,市级财政安排156.2亿元,同比增长16.5%,并通过"大专项+任务清单",加强涉农资金整合。其中,市级财政每年安排3.64亿元扶持北部地区596个行政村。增城区设立总规模50亿元的乡村振兴基金,首期实缴5亿元。同时,通过产业发展平台,引导工商资本为人居环境整治、城乡融合发展提供资金支持。制定金融支持乡村振兴战略实施意见,加强农村金融服务。

二 乡村产业融合实现良好开局

广州市积极探索各种融合模式,让农民、农企参与一、二、三产业融合发展全过程,大力推动农村各类经营主体以资产为纽带,将农业的各个环节和要素集成在一起,着力构建农村三产融合发展的长效机制。

(一) 全面谋划、建设现代农业产业园

截至2020年10月,广州市共获批创建15个省级现代农业产业园,分别是:广州市南沙区渔业产业园、广州市增城迟菜心产业园、广州市增城区幸福田园蔬菜产业园、广州市增城区仙进奉荔枝产业园、广州市从化区花卉产业园、广州市从化区荔枝产业园、广州市从化区壹号蛋鸡产业园、广州市番禺区名优渔业产业园、广州市花都区渔业产业园、广州空港花世界现代农业产业园、广州市从化区柑橘产业园、广州市从化区生猪产业园、广州市增城区丝苗米产业园、广州市增城区特色水果产业园、从化区粤港澳大湾区优质农产品供应链产业园。到

2019年底,全市获评国家级"一村一品"示范村1个、省级专业镇2个、市级专业村7个,创建省级农业公园5个,农民专业合作社1349家,家庭农场425家。

(二) 推进粤港澳大湾区"菜篮子"建设

粤港澳大湾区"菜篮子"工程开局良好,成效显著,141天建成使用平台指挥中心。制定印发《粤港澳大湾区"菜篮子"建设实施方案》《广州市关于支持"粤港澳大湾区'菜篮子'"建设的若干意见》,"一个标准"统一提升"菜篮子"产业水平。2019年5月启动建设的粤港澳大湾区"菜篮子"工程,不仅为粤港澳大湾区市场提供更多更优质的农产品,还将建成全球优质农产品进出口大平台,打造优质农产品加工进出口集散地。2019年12月30日,在广州隆重举办粤港澳大湾区"菜篮子"全国行起步、城际合作签约暨配送中心集中开业仪式。目前,已有包括湖南永州在内的粤港澳大湾区"菜篮子"8个配送中心(分中心)开业,并初步建成信息网络平台和平台指挥中心,建立农产品质量安全监控指标体系。与86个地级以上市农业农村部门签署城际合作框架协议,编制发布质量安全监控指标21009项次,分三批认定粤港澳大湾区"菜篮子"生产基地517个和首次认定产品加工企业44个,广州市有71家基地、4家加工企业通过认证,在全国各地州市中位居前列。1349个粤港澳大湾区"菜篮子"销售点开业,平台运行以来已有2700多万千克的农产品流通。

(三) 搭建城乡产业协同发展平台

推进名优农产品创建,规划建设特色小镇,北部山区30个特色小镇初具规模,带动社会资本投入达70多亿元。制定村级工业园整治提升实施意见,2020年底完成全市20—30平方公里村级工业园整治提升。规划建设农村创业（孵化）基地，已建成市级基地31家。制定实施民宿旅游发展专项规划，计划创建300个品质民宿、10个旅游特色镇、30个旅游文化特色村。粮食、蔬菜、本地鱼产量稳中有升，畜禽产能恢复步入拐点，优质特色水果种植面积进一步增大。认证无公害农产品315个，居全省第一。有效期内省名牌产品（农业类）总数达182个，居全省前列。番禺区获评为第二批国家农产品质量安全县，累计建成95万亩高标准农田。全年农机补贴作业服务面积突破7.7万亩。

（四）"产加销"一体化经营水平稳步上扬

广州市作为国家中心城市，依托农产品集散中心地位和特大城市人口的巨大消费市场优势，农产品生产、加工、销售一体化经营水平稳步提高，现代农业市场体系不断完善，现代产销一体化、经营水平较高的上市公司和龙头企业数量持续增长。2019年，都市农业总收入2353.98亿元，增长8.6%。都市农业总产值1672.23亿元，增长6.9%。市级以上农业龙头企业达到233家，其中，国家级龙头企业11家，省级龙头企业73家。[①]农业产业化产值为74.58亿元，增长3.4%；农业产业化规模达20.8%，提高3.5个百分点。集生产、加工、销售为一体的市级龙头企业共有57家，占全市农业龙头企业的42.2%，其中种植类企业23家，养殖类企业34家，产加销龙头企业销售收入达523.5亿元，占全市农业龙头企业销售总收入的86.2%，已成为带动广州市农业产业发展的重要引擎。

---

① 周甫琦：《广州蓝皮书：以产业融合推动广州城乡融合发展》，2020年7月24日，南方网。

（五）乡村旅游呈快速发展态势

广州市先后制定了《广州市观光休闲农业示范园评定指南》《广州市级农业公园评定管理暂行办法》《广州市农家乐管理办法》，分别明确了农业公园、农家乐等观光休闲农业主体的认定标准及管理要求，引导观光休闲农业发展。截至2019年底，已创建全国休闲农业和乡村旅游示范县2个（从化区、增城区）、全国休闲农业与乡村旅游示范点1个（永乐农庄）、省级休闲农业与乡村旅游示范镇5个（良口镇、派潭镇、城郊街、沙湾镇、正果镇）、省级休闲农业与乡村旅游示范点18个。据不完全统计，全市观光休闲农业经营主体近1800家，市级农业公园29家，省级农业公园5家（番禺区海鸥岛农业公园、从化区香蜜山农业生态公园、从化宝趣玫瑰世界、增城区创鲜番石榴农业公园、南沙区广州冠胜农业公园），从业人员约3.2万人，吸纳农民就业超过3万人。

（六）"互联网+农业"新业态不断涌现

推进华南农产品电子商务交易等信息发布平台建设，为全社会提供农业信息共享服务。成立广州市农业电子商务协会，组建"广州市农业电子商务专家讲师团"，开展广州农业电商培训活动，不断提升广州市农业企业电商知识技术水平。先后认定了省级名特优新农产品电商体验馆12家、市级农业电商示范企业6家，其中1家推荐为省级农业电商示范企业。支持农业龙头企业应用电子商务拓展销售渠道，助力农产品电子商务企业开展线上销售，有效拓展电商渠道。

三 农村基础设施补短板取得新进展

近年来，广州市积极贯彻落实中央和省关于实施乡村振兴战略的部署，基础设施供给数量和质量稳步提升，农村基础设施建设投入机制逐步完善，特色小镇、名镇名村和美丽乡村保障措施周密，进一步补齐农村基础设施建设短板，推进乡村振兴。

（一）提升电力基础设施一体化水平

"十三五"以来，广州市加快解决乡村配电网现状存在的供电能力不足、台区重过载、配变低压线路供电半径长、电压质量差等重点问题，加快推进老旧设备改造，及时更换残旧线路和设备，落实乡村"三线"整治工作要求，消除乡村电网安全隐患。共投资约2.1亿元，对全广州乡村低压残旧线路进行维修改造，大幅度改善乡村低压残旧线路问题。累计完成城中村用电改造投资120亿元，新增城中村配电变压器超过5000台，城中村供电能力增加超1倍，约120万城中村客户用电难问题得以有效解决。过载馈线同比降低77%，过载配变同比降低97%，低电压台区同比降低99%，客户频繁停电投诉量同比下降72%。

推进黄埔、白云、南沙、番禺、花都、增城、从化等涉农区加大业扩投资界面延伸，减少小微企业接电成本。"十三五"以来，涉农区中低压配电网投资达到120亿元。2019年，涉农区中低压配电网投资超过40亿元，乡村电网供电可靠率达99.98%，户均停电时间1.55小时，综合电压合格率达99.99%，户均配变容量3.52千伏安。

(二) 推进广州市城乡道路客运一体化

积极开展广州市新一轮农村公路建设,重点提高"路面铺装率""等级公路比率"等核心指标。推进窄路基路面拓宽改造和"畅返不畅"改造,加大对农村公路建设的市级资金补助投入,并适当向北部山区或边远地区倾斜,补助标准大幅提高。全市新建农村公路约400千米,改造现有农村公路约250千米,打通农村公路网中的断头路和局部拥堵节点,路网通行能力明显提高,县、乡道安全隐患治理率基本达到100%,路网运行更加安全、有序。进一步完善微循环公交网络布局,逐年提高农村公交微循环覆盖率,鼓励试行特色小镇旅游专线巴士,借助移动网络等信息化方式,不断提升电话、网络约车和定制约车在农村客运中的比重。

(三) 推动村村通光纤、宽带到户建设

2015年,广州市启动全市行政村和20户以上自然村光纤到村建设工作,2017年完成全市1142个行政村和1243个20户以上自然村光纤到村建设。2018年,根据《广州市信息基础设施建设三年行动方案(2018—2020年)》,继续推动全市剩余779个20户以上自然村的光纤到村建设工作,并于当年向各相关区下达奖补资金4665万,用于推进相关建设工作。2019年,完成95个村建设,其余在2020年全部完成,实现全市20户以上自然村光纤全覆盖。

(四) 统筹推进美丽乡村、中心镇和名镇名村建设

坚持高质量规划、高标准建设,突出配套完善和生态优化,积极促进公共服务均等,努力提升宜居环境,在农村基础设施建设、公共服务设施建设等方面采取有力措施,村镇建设取得

了阶段性成效。截至2019年底，全市共创建374个市级美丽乡村，3个镇6个村获"全国美丽宜居小镇""美丽宜居村庄示范""环境整治示范村"等称号，番禺沙湾入选全国特色小镇，10个村被评为住建部第一批绿色村庄，4个村获"全国历史文化传统村落"称号，86个村被评为广东省名村。

四 城乡公共服务均等化成效显著

（一）稳步推进农村卫生建设

2021年，广州市卫健委联合市人社局、广州医科大学印发了《关于明确我市卫生专业技术人员申报高级职称前对口支援、帮扶、进修等有关问题的通知》，要求城市卫生技术人员自取得医师资格至申报卫生系列副高级职称前，须到受援卫生机构（含医联体合作的基层医疗卫生机构）累计工作一年以上。每个镇都有1个政府举办的镇卫生院或社区卫生服务中心，每个行政村都有村卫生站覆盖，基本实现农村30分钟卫生服务圈。各区按照网格化布局要求，统筹做好辖区医联体规划，构建三级医疗卫生服务体系，为居民提供全人口、全生命周期的健康服务，实现公共卫生、疾病预防、疾病诊疗和康复护理一体化服务，在农村地区逐步建立慢性病监测体系。

2016—2019年，广州市级财政基本公共卫生服务项目补助经费共投入129544.83万元，其中涉农区（白云区、黄埔区、花都区、南沙区、从化区、增城区、番禺区）投入77142.85万元。公办优质医疗资源加快向增城、从化、花都等区延伸辐射，南方医科大学南方医院增城院区一期工程投入使用，广州市妇女儿童医疗中心增城院区、中山大学附属仁济医院（花都）正在加快建设，从化区与广州医科大学签订合作协议共建广州医科大学附属从化妇女儿童医院。2019年，广州市村卫生站应设已设率达到100%，全市紧密型镇村一体化管理的村卫生站覆盖率超过50%。

（二）强化农村公共文化服务

积极推进落实农村"十里文化圈"建设，丰富农村文化生活，精心打造村综合性文化服务中心建设。利用文化室、农家书屋、闲置校舍、党群服务站等公共场所，建设行政村综合性文化服务中心。截至2019年底，全市共建成免费开放、通借通还的公共图书馆229个。各级各类公共文化馆（分馆）共计182个（中心馆1个，总馆11个，分馆170个）。在全市170个镇（街）均建有综合文化站，其中131个为省特级站、39个为省一级站，以及13个市、区级图书馆和12个市、区级文化馆（除南沙区图书馆外）。城乡公共文化设施全覆盖已基本实现，城乡文化服务体系完备，农村公共文化服务得到进一步强化。

（三）建立城乡教育资源均衡配置机制

制订并印发了《广州市教育局实施乡村振兴战略三年行动计划（2018—2020年）》《关于优先发展乡村公共教育的实施意见》《广州市实施乡村振兴战略中充分发挥教育支撑作用的工作方案》，不断加大扶持乡村公共教育的工作力度。推动教师资源向乡村倾斜，通过稳步提高待遇等措施增强乡村教师岗位吸引力。完善教育信息化发展机制，推动优质教育资源城乡共享。大力推进集团化、学区化办学，加大优质教育资源向外围城区辐射延伸力度。努力提升农村义务教育均衡优质水平，启动"百校扶百校"行动，不断缩小区与区之间义务教育办学差距，全市100%的镇均建有1所以上规范化公办中心幼儿园，100%的公办义务教育学校为标准化学校。

(四) 积极鼓励支持返乡创业

广州市出台了《广州市人民政府关于进一步促进就业的实施意见》《广州市就业补助资金使用管理办法》以及《广州市人力资源社会保障局关于支持各类人员返乡下乡创业 推动乡村全面振兴有关工作的通知》，支持各类人员返乡下乡创业。支持大学毕业生服务乡村，组织实施"三支一扶"计划。鼓励开展返乡创业技能培训，支持技工院校、培训机构、龙头企业等承接培训，支持有条件的返乡下乡创业企业建设技能大师工作室，推广校企合作、订单培训、定向培训等培养方式，培育适应返乡下乡创业企业需求的劳动者。已将返乡创业人员纳入《广州市就业补助资金使用管理办法》中租金补贴等创业补贴政策、创业担保贷款政策对象范围内。到2019年底，广州市共认定市级农村型创业（孵化）基地31家。

(五) 实施城乡一体居民社会养老保险制度

贯彻实施《广州市人民政府办公厅关于印发广州市城乡居民基本养老保险实施办法的通知》，建立健全广州市城乡居民保险缴费激励制度和基础养老金正常调整机制，切实提高城乡居民养老保障水平。同时，广州市按国家和省有关政策要求，实施城乡居民保险与其他社会养老保险正常转移衔接机制，政策有效覆盖本市户籍城乡非从业居民。

(六) 完善城乡一体来穗人员服务体系

进一步细化"以居住证为载体、以积分制为办法"的城乡一体来穗人员公共服务提供机制，使来穗人员根据居住、就业时间长短和贡献大小，梯次享受公共服务。规范积分制管理程序，搭建了比较科学的积分指标体系框架，完善了来穗人员基本权益保障措施，基本形成具有广州特色的来穗人员积分制入户政策法规体系。积分制入户指标从 2015 年的 4500 个增至 2019 年的 8000 个，保障了更多的长期在广州居住、缴纳社保时间长的来穗人员及广州市急需的技能人才和特殊工种行业人才享受到积分制入户政策。

第四章　城乡融合发展存在的短板制约及深层原因分析

随着系列改革举措相继推出，广州城乡融合发展取得了显著成效，但也面临一些明显的短板制约，如城乡生产要素流动仍然存在障碍，城乡公共资源配置仍不合理，现代农业产业体系尚不健全，区域经济发展不平衡，城乡居民收入差距大，农民增收长效机制有待完善等。

一　实现城乡要素双向流动面临困境

在城乡二元结构和城乡发展差距背景下，城市具有明显比较优势。农村大量的劳动力、资本、土地等要素流向了城市，从城市流向农村的要素很少，就造成城乡资源配置不均衡，导致农业、农村、农民的发展能力下降，面临资源瓶颈。

（一）农民工市民化推进相对缓慢

农民工享受城市公共福利和待遇不对等，农民工难以市民化。一是农村居民进入城市，要取得工作和居住的合法身份，仍存在进入门槛。二是城乡劳动力要素存在不平等交换。农村人口进入城市后，他们大多只能从事脏、苦、累的工作，其收入普遍偏低，难以承担正常的城市生活成本支出。加上农民没有稳定的收入以及难以解决住房问题,农民进城落户的积极性不高。三是由于农民工权利保障制度不健全,就业时易受到不公平待遇,工资难以获得与城市居民相同的待遇,子女教育、医疗保障等公共服务也难享受到与城市居民相同的待遇,他们难以完全融入城市,不利于农村劳动力流动。

(二) 人才下乡返乡激励机制有待健全

毋庸置疑,市场在配置资源中要发挥决定性作用,但市场经济的本质和核心是追求效率最高、效益最大化,各种资源要素包括人才,往工业和城市流动,能够实现效益最大化,而向农业、农村流动则明显效益低下。为弥补市场经济的缺陷和不足,就需要充分发挥政府调节市场的作用,用政府力量鼓励和支持各类人才入乡。目前,广州陆续出台了鼓励支持各类人才入乡的激励政策。例如,城市科教文卫等工作人员定期服务乡村,职称评定向乡村教师、医生等倾斜,规划、建筑、园林等设计人员入乡等。但在具体操作中,由于缺乏实施办法等因素,推动进程相对缓慢。

(三) 土地资源未能得到充分利用

土地资源作为农村集体存量最大的"沉睡资产",不仅是战略实现的重要支点,而且是农民收入和社会保障的基础。目前,农村土地产权模糊和权能残缺问题还未得到真正解决,土地流动依然受到限制。一是城乡土地统筹集约利用水平不高。农村部分土地闲置、丢荒,未能充分利用;农业用地分散,田块小,难以实施现代机械化农业生产,部分村庄存在丢荒的情况;农民在承包地和林地违规建设房屋,造成很多村庄内部矛盾和土地使用不规范问题;大量的农村人口涌入城市务工并选择在新村建房,农村居住的实际人口锐减,住房长期空置,老化严重,村庄内农民宅基地闲置，空心村未能充分挖潜集体建设用地的作用，旧村逐渐衰落、凋敝。特别是北部从化、增城地区存在大量不同形态的"空心村"，导致土地资源浪费，农村土地作为重要生产要素的价值得不到充分体现。二是设施农业用地紧张，不能满足现代农业的发展。农村经营建设用地不足，停车场、卫生间等公共配套设施用地无法落实，成为限制农村一、二、三产业融合发展的重要因素。

（四）涉农财政投入偏低

一是公共财政涉农支出力度不足。从公共财政涉农支出情况看（见图4-1），2019年广州市公共财政投向农林水事务方面支出为94.06亿元，占财政支出比例为3.3%，低于2010—2019年年均比重（4.1%）0.8个百分点，近几年所占比重均较低，最高的是2015年为4.4%；2010—2019年，农林水事务支出年均增长率为10.31%，低于公共财政支出年均增速（12.69%）2.38个百分点。二是涉农固定资产投资比例偏低。从三次产业固定资产投资情况看，2019年，第一产业固定资产投资为3.2亿元，占全市固定资产投资的比重为0.05%；2010—2019年，第一产业固定资产投资占全市固定资产投资总额的比重由1978年的5.94%下降到2019年的0.05%（见图4-2）。虽然农业、水利、文化、卫生、教育等相关职能部门均有切块资金投入，但由于资金比较分散，利用效率不高，农村公共服务及市政基础设施建设欠账较多。

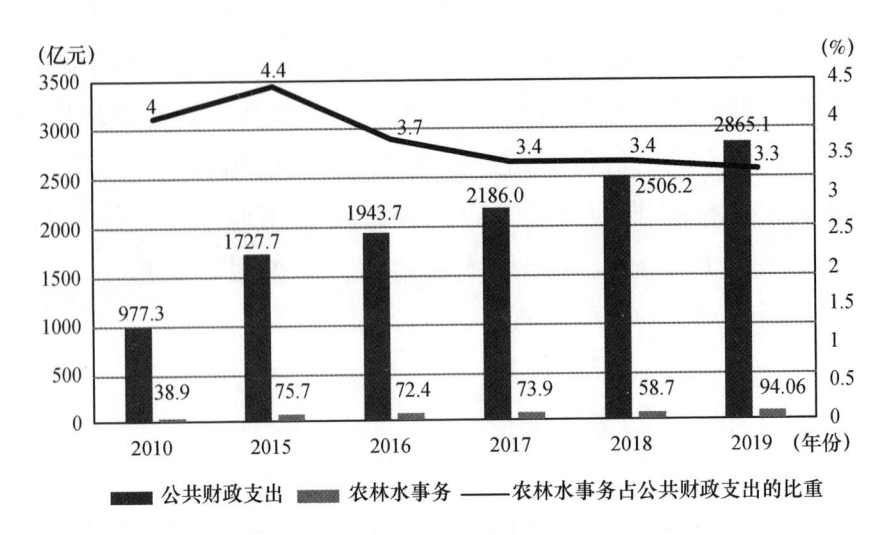

图 4-1　2010—2019 年广州市公共财政涉农支出情况

资料来源：2011—2019 年《广州统计年鉴》；统计局网站资料。

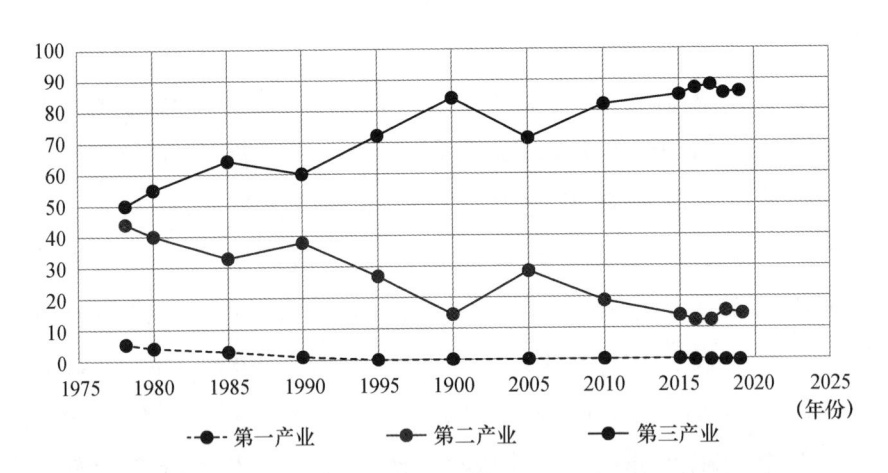

图 4-2　1978—2019 年三次产业固定资产投资占全市固定资产投资比重

资料来源：1979—2019 年《广州统计年鉴》；统计局网站资料。

二　城乡基本社会公共服务尚未实现普惠共享

在新农村建设、乡村振兴和城乡融合发展大背景下，广州农业发展,农民致富,农村面貌焕然一新,但城乡基本公共服务发展不平衡问题仍然存在。突出表现在:农村养老服务明显落后于城市,城乡教育事业发展不平衡,城乡医疗卫生水平差距大,城乡基础设施建管护存在差距等。因此,全面建成小康社会,广州须补齐城乡基本公共服务短板。

(一)农村社保养老服务明显落后于城市

到2019年底,广州参加城乡居民养老保险人群已达140万人,实现了城乡居民养老保障的一体化,养老服务设施全面覆盖,农村居民的养老水平大大提升。但与城镇社会保障制度相比,农村社会保障制度的建设还较薄弱。一是城乡居民在养老保障水平上有差距。目前,广州城镇居民已初步建立起覆盖各类用人单位和劳动者的社会保险体系,而广大农村居民的社会保险体系虽已基本实现全覆盖,但标准低。二是农村养老服务明显落后于城市。中心城区的居家养老设施及服务质量普遍高于农村,基本社区居家养老服务尚未全面铺开,农村居民养老投入不足,农村养老多样化、专业化的服务缺乏,难以满足老年人多层次的养老服务需求。

(二)农村教育文化事业发展不平衡

城乡教育基础条件和能力建设差距明显。一是优质教育资源分布不平衡。全市示范性高中大多集中在越秀区和荔湾区,省市属名校、名校长、名教师、教育科研机构等优质资源,主要集中在越秀、荔湾、海珠、天河等中心城区,外围城区和农村地区严重不足。二是城乡办学条件差异大。地处边远地区的中小学校建设,无论软件还是硬件都无法与城区学校相比,与规范化学校建设还有差距。三是师资水平差异较大。中心城区与非中心城区之间教师队伍水平差异较大,特别是农村地区教师学历和职称水平明显较低。农村地区教育教学水平、学校管理水平与中心城区学校存在差距。城乡之间学前教育上存在一定的差距。四是城乡教育发展水平差距大。目前,广州城乡之间、区域之间、校际之间教育发展差别较大,中心城区—郊区—远郊区的教育发展水平形成落差明显的"三级梯队",城乡之间教育发展不均衡。五是教育经费投入仍待提高。年鉴数据显示,广州教育经费支出由2010年的112.6亿元增加到2019年的523.82亿元,年均增长18.63%;广州教育经费支出占一般公共财政支出比重由2010年的11.52%上升到2019年的18.28%;广州教育经费支出占GDP比重由2010年的1.06%上升到2019年的2.22%(见表4-1)。虽然广州教育财政经费投入呈逐年增加趋势,但广州是全国经济比较发达的城市,经济实力居上海、北京之后,列全国第三位,然而,与广州经济发展水平相比,广州教育经费支出占GDP比重一直低于全国3%的平均水平,教育投入明显偏低。六是城乡文化资源供给不均衡。伴随着工业化、城镇化进程不断加快,各种文化资源要素加速向城市集聚。近年来,广州不断加强镇文化站、村文化室建设,硬件设施基本配置齐备,但实际利用率并不高,优质文化资源如图书馆、博物馆等主要集聚在中心城区,大量的文化设施、文化团体、文艺人才等集中在城区,农村文化产品和文化服务相对供给不足,文化活动供给持续性有待加强。

表4-1　　　　2010—2019年广州教育财政投入水平　　　单位:亿元,%

年份 项目	2010	2012	2015	2016	2017	2018	2019
地区生产总值	10604.5	13500	18100.4	19782.2	21503.2	22859.4	23628.6
一般公共财政支出	977.3	1343.6	1727.7	1943.7	2186.0	2506.2	2865.1

续表

年份 项目	2010	2012	2015	2016	2017	2018	2019
全市教育支出	112.6	223.5	287.1	322.0	404.3	440.8	523.82
教育支出占公共财政支出比重	11.52	16.63	16.62	16.57	18.49	17.59	18.28
教育支出占GDP比重	1.06	1.66	1.59	1.63	1.88	1.93	2.22

资料来源：2011—2019年《广州统计年鉴》；统计局网站资料。

（三）城乡医疗卫生水平发展不均衡

广州在推进医疗保险制度改革的进程中，确立了"基本+救助+补充"的多层次城乡统筹医疗保险模式，促进了城乡医疗一体化进程，但城乡医疗卫生水平仍然存在较大差距。一是城乡之间医疗卫生资源配置不均衡。2018年，广州全市拥有各级各类医院255家，从化、花都、增城和南沙四个区总共合计才41家，占全市比重的16.08%（见表4-2）；其他如医疗机构数、实有床位数、执业医师和注册护士的数量分布情况也大体类似，资源大多集中在市中心或近郊区域，反映出市区与远郊区之间资源配置不尽合理。从村卫生室基本情况看（见表4-3），除执业（助理）医师和注册护士人数略有增加外，机构数、乡村医疗数和卫生员人数都在减少。二是农村优质医疗资源不足。农村基层医疗条件相对落后，缺少优质医疗资源，广州乡镇基层医疗机构存在招人难、留人难的问题，难以满足基层群众获取优质医疗资源的需求。三是农村卫生基础条件薄弱。农村地区卫生硬件资源缺口比较大，硬件建设不达标，医疗卫生条件不足，难以满足农民群众就近就医需求，造成农民大病小病都在城区医院就医。四是农村公共卫生经费投入不足。一直以来，各级财政对镇街卫生院的基建、购置设备和公共卫生服务等经费投入不足，导致公共卫生服务在农村的发展和职能延伸较为欠缺。

表4-2　　2018年广州市各区医疗卫生机构分布情况

区域	医疗机构（家）	医院（家）	实有床位（张）	执业医师（人）	注册护士（人）
广州全市	4463	255	95134	54134	71740
越秀区	352	34	24141	13390	199693
海珠区	302	19	10431	5619	7824
荔湾区	218	26	6810	3751	4700
天河区	681	44	12345	8841	11209
白云区	583	46	19937	7507	10183
黄埔区	307	21	4078	2250	2624
花都区	477	10	3755	3172	3808
番禺区	365	24	6421	4466	5100
南沙区	220	12	1410	1075	1231
从化区	339	8	2560	1412	1834
增城区	519	11	3246	2651	3264

资料来源：2019年《广州统计年鉴》。

表4-3　　2018年广州农村卫生室基本情况

指标	2017年	2018年
机构数（个）	932	928
执业（助理）医师（人）	514	525
注册护士（人）	276	303
乡村医疗和卫生员（人）	723	693
乡村医疗数（个）	679	657
卫生员（人）	44	36

资料来源：2019年《广州统计年鉴》。

（四）平等的城乡劳动者就业制度尚未形成

城乡劳动者同工不同酬，农民工工资长期偏低。农民工无法平等地享受城市公共服务。进城农民工子女纳入流入地公立学校义务教育体系的比例偏低，进城农民工不能平等享受城镇公共卫生服务和医疗救助，不能享受城市廉租房和经济适用房政策。户籍制度抬高了农民工进城的门槛，成为农民工谋求机会公平、待遇平等、权益保障和融入城市社会的最大障碍。2019年，广州市常住人口城镇化率（86.46%）和户籍人口城镇化率（79.9%）相差6.56%，仍有不少外来务工人员未能享受与城镇居民同等的公共服务。

三 城乡基础设施建设与管护存在差距

近年来，随着新农村建设的推进和统筹城乡发展力度的加大，农村基础设施和公共服务建设不断增强。但城乡基础设施建设不平衡问题仍然比较突出，农村基础设施水平比较落后，满足不了农民日益增长的交通、文化、休闲、娱乐的需要，个别村在基础设施规划建设和后续管护服务中存在着"痛点"和"堵点"。从目前城乡道路、供水、供电、信息、垃圾污水处理等方面差距看，城乡面貌反差较大。

（一）城乡道路建设及交通服务管理不平衡

交通基础设施规划建设与城市空间布局不完全协调，公交线路主要集中于中心城区，广大农村地区配套交通设施不足，道路建设和维护不足，公交服务明显薄弱。农村公路养护费用不足，公路养护能力有限，导致公路完好率不及城市。地铁、公交之间以及与其他交通工具的接驳换乘还不够科学、便捷。农村地区交通管理智能化、信息化水平较低，郊区路段信号灯控路口覆盖率低（只有20%），交警力量不足、配置不平衡，对交通安全和出行秩序造成一定影响。"十三五"以来，广州不断加强农村道路建设补短板。2018年，户籍人口100人以上自然村全部实现了村村通公路，农村公路路面铺装率达到100%。但农村公路中仍然存在断头路和局部拥堵节点，造成路网通行能力差，部分县乡道存在安全隐患，农村客运服务和监管水平及农村地区群众出行便利度仍须进一步提升。

(二) 部分农村地区供水、供电等存在安全隐患

广州市北部地区个别村庄，由于交通不便，仍然未能实现通自来水，用水质量和安全得不到保障。农村用电设施建设落后于经济发展水平，现有的用电网络无法满足农村生活生产需求；电网改造滞后于经济发展需要，部分设施设备老化，管养护水平未跟上。部分农村地区缺乏220千伏变电站支撑，线路距离过长，电网结构有待加强，供电可靠性不高，且由于农村地区供电负荷分散，配变台区低压供电线路较长，供电末端存在低电压问题，加之乡村地区安全用电意识不强，线路私拉乱接问题较多，设备残旧，供电存在安全隐患，亟须加快解决。

(三) 农村流通服务体系建设有待完善

农村流通设施建设投入不足、建设滞后，交易市场布局不合理，影响到农产品规模化收购和装运。现有的农产品批发市场道路、供水等设施陈旧，电子信息、冷藏等设备设施不完善，大部分乡村地区批发市场缺乏信息服务、质量检测、交易结算、安全监控、垃圾处理等配套服务设施。尤其是从化、增城部分区域物流通达率低，缺乏农产品大型仓储、冷链等物流基础设施。中心城区"最后一公里"缺乏足够的不限行的冷链配送车辆、社区生鲜自提柜等，造成生鲜农产品配送能力不足。

（四）农村人居环境治理水平有待提高

近年来，广州加大农村生活污水治理及设施建设和维修，但仍存在设施用地难等问题。农村垃圾车、垃圾桶、污水处理等基础设施建设滞后，部分村社建成进村污水干管，支次管网和接户管建设仍不完善，仅在现有村居排水沟渠端头截留污水，收集范围小，户接入面窄，导致污水收集率低，雨污分流、污水处理系统部分未按照规划实施。一些城中村环境卫生等仍不尽如人意，小摊小贩占道经营现象屡禁不止，乱搭建、乱堆放、乱丢垃圾现象依然存在，人居环境治理水平有待提高。

（五）社会资本参与基础设施建设和管护力度不足

近年来，市政府对农村地区基础设施如道路、垃圾、厕所、污水处理等的投入力度加大，但资金管理不善，致使部分镇村农村人居环境整治仍存在资金缺口。目前，农村基础设施建设以政府为主，社会资本参与力度不足。市场工商资本介入农村人居环境整治相对较少，未能形成农村人居环境整治长效机制。

四 农村经济发展面临诸多挑战

（一）现代农业发展基础不够牢固

一是农业发展土地空间受到挤占。1978年，广州常用耕地面积约为278.6万亩，到2019年仅剩135.88万亩，41年下降了一半多。二是土地适度规模经营水平不高，农户流转意识不强，流转服务政策不完善，农业用地存在诸多制约，农业产业化规模不大。三是新型农业经营主体整体实力不强，农业龙头企业和农民专业合作社、家庭农场等农业经营主体数量偏少。四是农业科技创新引领能力不强，农业科技自主创新关键技术成果不足，产前、产中、产后等技术集成配套不够，农业科技投入低于其他行业科研投入水平。农业机械化及农产品加工业的产业集聚水平不高，农业机械化、效能化、品牌化等方面有待提升。五是农村振兴带头人和农村劳动力缺少等问题。

（二）农村一、二、三产业融合程度不高

产业融合可加快城乡之间资源和生产要素的流动。近年广州农村三次产业融合虽取得一定成效，但总体看融合发展程度不高。一是产业融合规模不大，融合水平不高，没有最大限度地发挥融合的乘数倍增效益。二是产业品牌不强，销售渠道不畅，农产品对外销售物流成本较高，旅游产业附加值低。三是农产品加工转化率偏低，产业链条短，特别是农产品深加工、餐饮服务、休闲观光、生态旅游业等二、三产业的延伸与融合发展不足。四是利益联结松散，合作方式单一，向二、三产业转移融合发展意识不强。多数新型农业经营主体是以"种植+加工""种植+销售"模式进行二次产业简单融合，大多数农民合作社"有名无实"，参与融合能力差。

（三）农产品联结机制不健全

一是农产品产销对接不够畅通。农产品溯源、全程监控、产业集聚等能力不足，物流基础设施建设较差，尤其是北部山区物流通达率低，缺乏农产品大型仓储、冷链等物流基础设施。大部分的农村村内缺乏农贸市场，农户销售产品时需要到较远的市场售卖，或形成在路边摆卖的乱象。二是销售渠道单一。目前，农户销售产品以小贩上门收售为主，主动去市场或采用农业专业合作社、公司收购等方式，较少应用"互联网+""合作社+农户""电商平台+农户"模式。三是品牌塑造意识和能力偏低。特色小镇产业基础薄弱，生态旅游特色小镇较多，但

集聚度不高，功能单一，产业链短，辐射带动作用不强，产业结构转型压力较大。

（四）农业产业转型升级配套政策不到位

近年来，广州市加大了农村环境整治力度，居住环境得到较大改善，同时也推动了都市农业养殖和生产方式转型升级，但相关配套政策仍不到位。一方面，根据环境整治要求，对沿河两岸的畜牧养殖场、农家乐进行拆除，导致畜牧业产量连续几年大幅下降，而且，畜牧养殖农户搬迁难、建厂难等后续问题尚未得到很好解决；另一方面，现代农业发展所必要的配套设施建设（保温大棚、田头冷库）、开展生态观光旅游等因为用地指标申请烦琐而较难实现，农业经营主体做大做强困难重重。

五 区域发展不平衡，城乡居民收入差距大

对广州来说，目前区域差距和城乡差距还未从根本上得到扭转：对内主要表现在各区之间、城乡之间发展的不平衡，对外主要表现为与省内及国内主要城市相比仍存在差距。

（一）广州区域经济发展不平衡、不协调

一是各区经济总量差距大。从 2019 年各区 GDP 总量看，作为广州经济第一强区的天河区，GDP 总量为 5047.39 亿元，继续排名全市第一，黄埔区和越秀区分别以 3502.47 亿元和 3135.47 亿元排在第二、第三位。从 GDP 增速看，2019 年南沙区以 10.5% 增速排名首位，高于广州市 GDP 增速 3.7 个百分点，也是全市唯一一个 GDP 两位数增长的区；紧接着是黄埔区和天河区，增速分别为 8.6% 和 8.0%；而番禺和从化区分别以 3.1% 和 3.7% 增速居倒数后 2 位。二是各区人均 GDP 差距大。

2019年，广州人均GDP达到158534元。综观全市11个区情况，排前三位的黄埔区、天河区和越秀区人均GDP分别达到314377元、288984元和265966元；而增城、白云和从化三个区人均GDP分别只有82929元、81488元和54993元，最高黄埔区是最低从化区的约5.7倍。三是各区税收收入差距大。近年来，广州财政收入平稳增长，2019年，全市税收收入5576.86亿元，同比增长1.8%。从各区税收情况看，差距很大，黄埔区以907.45亿元位居第一，其次是天河区877.58亿元，而荔湾区税收收入同比增长77%，远超其他区，海珠区、越秀区、番禺区、从化区和天河区增速则同比下降；从化最低，只有60.44亿元税收收入，占全市比重仅为1.1%。与中心城区相比，北部山区地方税收收入少，这种弱财政势必削弱北部山区政府对当地经济的调控能力，进而影响其经济发展速度和发展潜力，也会不断扩大它们与中心城区之间的差距。详见图4-3。

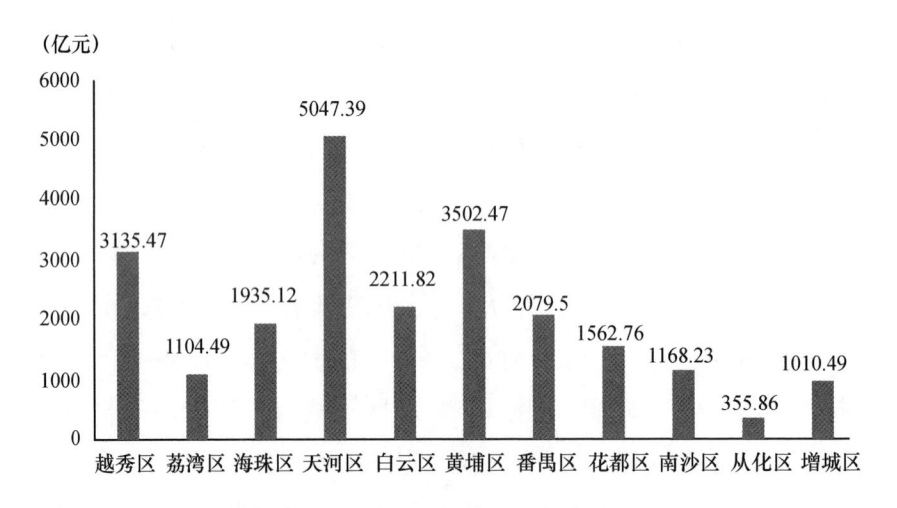

(亿元)

区	GDP（亿元）
越秀区	3135.47
荔湾区	1104.49
海珠区	1935.12
天河区	5047.39
白云区	2211.82
黄埔区	3502.47
番禺区	2079.5
花都区	1562.76
南沙区	1168.23
从化区	355.86
增城区	1010.49

图4-3 2019年广州全市11个区GDP比较

资料来源：市、区政府网相关数据及统计公报整理。

(二) 城乡居民人均可支配收入水平存在差距

随着新农村建设力度不断加大,城乡融合发展的各项举措逐步实施,广州农村居民收入水平持续提高。从图4-4可以看出,广州城乡居民人均可支配收入比呈现下降趋势,从2014年的2.43下降到2019年的2.25,城乡居民收入差距在进一步缩小。但与省内其他城市、国内农业先进城市相比,广州城乡居民收入差距比值仍较大。

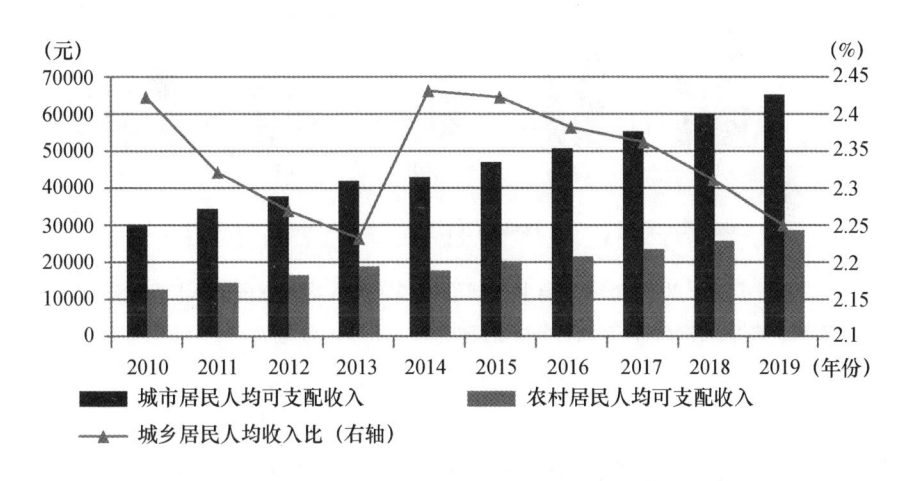

图4-4 2010—2019年广州城乡居民人均可支配收入情况

从图4-5可以看出,与珠三角城市相比,2019年广州城乡居民可支配收入比(2.25)仍然高于中山(1.44)、东莞(1.49)、佛山(1.75)和珠海(1.90),其城乡居民人均可支配收入差距较大;2010—2019年情况也大致相似。

从图4-6可以看出,与国内农业先进城市上海、天津等相比,2019年,广州城乡居民人均可支配收入比值高于上海(2.22)、天津(1.86)、成都(1.88),低于重庆(2.51)。

消费方面,2019年,广州全年城市常住居民家庭人均消费支出45049元,增长6.8%。农村常住居民家庭人均消费支出

22522元，增长9.1%。城市常住居民恩格尔系数为32.1%。城市常住居民消费支出中教育文化娱乐支出所占比重为13.6%。农村常住居民恩格尔系数为38.2%。农村常住居民消费支出中教育文化娱乐支出所占比重为10.0%。

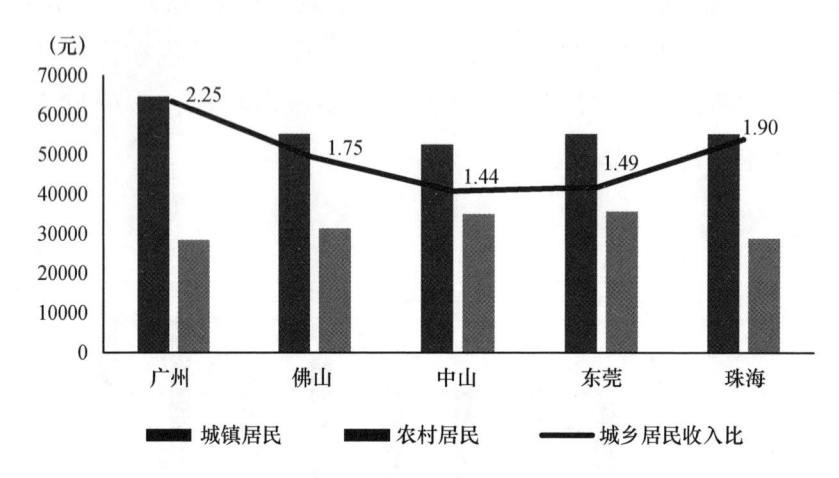

图4-5 2019年珠三角主要城市城乡居民人均可支配收入比较

资料来源：各市2019年统计公报数据整理。

六 城乡融合发展短板深层原因分析

（一）无法有效突破城乡分割的二元结构

造成城乡融合发展受阻的制度原因是城乡分割的二元结构。城市和农村实行不同的管理体制，彼此处于相对独立的运行状态，城乡之间的融合度较低、融合性较差。一方面，城市经济发展的市场化改革和市场化趋势越来越明显，在市场化的道路上不断摸索和探索，而农村经济的发展，无论是农业生产的组织形式，还是农产品的经营方式，基本上都是以分散的生产和经营为主体，与现代市场经济要求的大规模、集约化的组织生产有一定的差距，因而导致农业经济总体竞争力呈弱势发展状

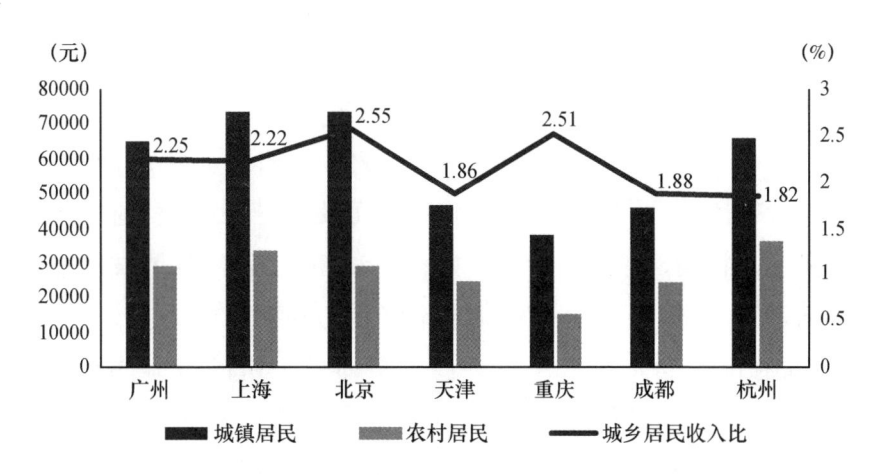

图 4-6　2019 年广州与京沪等国内主要城市城乡居民收入比较

资料来源：各市 2019 年统计数据、统计公报整理。

态；另一方面，城市与农村无论是在基础设施、公共服务、医疗、卫生、社会保障等诸多方面实施的管理政策和措施都不一样，而社会资源的分配与再分配在城乡之间也是采取不同的模式。这种制度安排导致城乡要素不能实现平等交换，不利于推动城乡融合发展。

（二）重城市轻农村传统发展模式根深蒂固

改革开放以来，广州为加快推进工业化、城市化进程，采取重城市轻农村、重工业轻农业的发展战略，导致城乡发展差距不断扩大。2006 年党的十六届三中全会提出加快城乡统筹发展后，"三农"工作开始得到各级政府的重视，并提上议事日程。但由于历史欠账多，农业发展基础差，加之重城市轻农村、重工业轻农业的发展观念由来已久且根深蒂固，各级政府的工作重点、资源配置都是采取城市优先战略。特别是在当前国家对土地管理调控政策非常严格的形势下，有限的建设用地指标也是不断往城市建设、工业、大项目上倾斜，在一定程度上挤压了农业、农村的发展需求,造成城乡资源配置不均衡。

(三) 农村综合改革滞后影响农村发展

改革开放以来,与快速发展的城镇化和工业化改革相比,农业和农村的改革步伐相对缓慢,特别是农村各种利益关系错综复杂,因而农村发展受到一定阻滞,农村综合改革发展的瓶颈还很多。一是城乡统筹协调机制有待完善。在推进城乡融合体制机制和政策体系工作系统性、整体性、协同性方面存在不足,部分涉农政策的制定不及时,实施和落地有困难。二是用地政策难有实质性突破。农村土地制度改革滞后,限制了土地承包经营权的流转,也使得土地缺乏流动性,影响农村生产力发展。现代农业必要的配套设施用地或附属设施用地审批难度大,在农业设施用地土地政策上难以有实质性突破。三是村级工业园区提升难度大。村级工业园区产权不清、用地手续不全等现象较为普遍,也导致进驻企业的登记注册、租金补贴、消防验收、抵押担保等难以落实。四是农村集体产权制度改革须进一步深化。随着近年来农村集体经济的不断壮大,产权制度改革遇到瓶颈,如股权的继承、转让、买卖、赠送、抵押等面临不少问题。

(四) 传统城乡关系不利于城乡融合发展

城乡融合发展必须建立在一种新型城乡关系的体制框架内,而以往传统的城乡关系不利于城乡融合发展。原因在于受二元结构影响,工业和农业、城市和乡村基本是在两条各自平行的轨道上运行,彼此被分割在不同的体系框架内,产业之间的关联度不高,融合性不强,工业与农业、城市与农村之间的发展落差仍比较大。基于这种制度框架的城乡关系,由于城乡融合的体制机制不顺畅,无法为城乡融合发展提供坚实的制度支撑。

也就是说，只有把工业与农业、城市与农村作为一个紧密相连的联合体，以同样的重视、同样的力度加快其发展，力戒以往重工业轻农业、重城市轻农村发展弊端的重演，城乡融合发展才有可能逐步实现。

（五）城乡融合发展工作机制和工作体系仍不健全

要实现城乡融合发展，必须首先健全城乡融合发展的工作机制和工作体系。从目前广州市的情况来看，虽然中央提出统筹城乡发展和开展新农村建设多年，广州对"三农"问题的重视程度和工作力度也有较大提高，但仍与实现城乡和谐发展目标有较大差距。一是城乡融合发展的工作力度不足。与北京、上海、杭州、成都、重庆等国内先进城市相比，广州在组织机构设置、资源配置、干部配备、财政投入等方面仍有差距。二是城乡基本公共服务普惠共享的机制体制不健全。如教育培训工作体系和工作网络在城市比较密集，工作渠道也极为顺畅，而在农村地区则相对不够完善。

第五章 城乡融合发展水平测度

城乡融合发展是实施乡村振兴战略的重要内容,只有充分了解城乡融合发展水平,才能更好地、有针对性地制定城乡融合发展的战略。本章通过构建城乡融合发展水平评价指标体系,基于2010—2018年的数据,对广州与国内重点城市城乡融合发展水平进行比较。

一 城乡融合发展水平比较指标体系构建

(一)指标体系

依据全面性、科学性、数据可得性原则,选取城乡生产要素流动、基础设施和公共服务一体化、城乡居民生活差异合理化为一级指标,城镇化率等9个指标为二级指标,构建城乡融合发展水平比较指标体系,具体如表5-1所示。

城乡之间生产要素流动是实现城乡融合发展的前提,通过人员、资金、技术等要素的流动发展,实现生产要素在城乡之间的合理分配,提高生产要素配置效率。本书选取了城镇化率、一般公共预算支出中农林水支出比重、一般公共预算支出中科学技术支出比重这3个指标来代表城乡间生产要素流动情况。信息网、交通网及医疗、社保、教育等基础设施和公共服务是城乡融合发展的动力,也是实现城乡间生产要素流动的载体,限

表 5-1　　　　　城乡融合发展水平比较指标体系

评价总目标	一级指标	一级指标权重	二级指标	二级指标权重	二级指标属性
城乡融合发展水平	城乡生产要素流动	1/3	城镇化率	1/9	正
			一般公共预算支出中农林水支出比重	1/9	正
			一般公共预算支出中科学技术支出比重	1/9	正
	基础设施和公共服务一体化	1/3	农业人口人均公路里程	1/9	正
			城镇职工养老保险参保人数占常住人口比例	1/9	正
			每万人医生数	1/9	正
	城乡居民生活差异合理化	1/3	城乡人均可支配收入之比	1/9	逆
			城乡居民恩格尔系数之比	1/9	逆
			城乡居民人均消费支出之比	1/9	逆

于数据的可得性，本书用农业人口人均公路里程、城镇职工养老保险参保人数占常住人口比例、每万人医生数来代表城乡基础设施和公共服务一体化情况。城乡居民生活差异合理化是城乡融合发展的结果，城乡融合发展的最终目标是提高和协调城乡居民的生活消费水平，本书选取了城乡人均可支配收入之比、城乡居民恩格尔系数之比、城乡居民人均消费支出之比这 3 个指标来衡量。

（二）数据来源及数据处理

本章选取指标的数据来源于各市统计信息网上的统计年鉴，部分数据来源于各市相关部门的官网，选取了广州、北京、上海、天津、杭州、重庆、苏州、成都 2010—2018 年的面板数据作为分析的数据基础。

根据构建的指标体系框架，首先对数据进行初步处理。数据要经过正向化处理和标准化处理。数据正向化处理是指，指标体系中有些指标对城乡融合发展综合水平的影响是正向的，有些指标对城乡融合发展水平的影响是逆向的。正向指标的值越大，则说明城乡融合发展的水平越高；逆向指标的值越小，说明城乡融合发展水平越高。因此，在进行分析之前，首先要对逆向指标取倒数进行正向化处理。标准化处理是指，将某一年份各城市相应指标最高值设为1，其他城市相应指标得分为该指标基础数值与各城市相应指标最高值的比值。标准化处理的同时，也消除了选取指标存在的度量单位差异。具体公式为：

$$A_{tij} = \frac{X_{tij}}{\max(X_{tij})} \quad (X_{tij} 为正向指标)$$

其中 A_{tij} 为第 t 年第 i 个城市第 j 个指标的比较得分，X_{tij} 为第 t 年第 i 个城市第 j 个指标的基础数据。

(三) 权重确定及比较得分计算

对于指标权重，一般有两类方法：第一类是以层次分析法为代表的主观赋权法，这类方法的缺陷是主观性较强，研究者本身的主观因素对测度结果的影响较大；第二类是以熵权法、因子分析法为代表的客观赋权法，这类方法相比第一类方法克服了主观性较强的缺陷，但也有一定的局限性。本书采取的是第一类方法，赋予各层次指标相等的权重。

利用正向化和标准化后的数据及权重，就能计算各城市各指标比较得分和评价总目标（城乡融合发展水平）比较得分。

二 国内重点城市城乡融合发展水平比较

(一) 各城市一级指标及城乡融合发展水平比较得分

通过计算，得到2010—2018年广州、北京、上海、天津、杭州、重庆、苏州、成都的城乡融合发展水平及城乡生产要素流动、基础设施和公共服务一体化、城乡居民生活差异合理化等一级指标的比较得分（即当年该城市各指标在这些参与比较城市中的相对得分），如表5-2至表5-5、图5-1至图5-4所示。

表5-2　　　　　　　"城乡融合发展水平"比较得分　　　　　　单位：分

年份 城市	2010	2011	2012	2013	2014	2015	2016	2017	2018
广州	0.75	0.78	0.79	0.79	0.80	0.78	0.78	0.78	0.73
北京	0.83	0.85	0.83	0.84	0.86	0.85	0.83	0.84	0.85
上海	0.70	0.74	0.74	0.71	0.71	0.70	0.71	0.71	0.72
天津	0.67	0.70	0.68	0.70	0.71	0.72	0.70	0.69	0.70
杭州	0.74	0.79	0.79	0.81	0.84	0.87	0.84	0.83	0.85
重庆	0.60	0.62	0.61	0.64	0.66	0.68	0.69	0.68	0.70
苏州	0.72	0.78	0.80	0.80	0.76	0.76	0.75	0.75	0.77
成都	0.59	0.66	0.62	0.62	0.63	0.67	0.69	0.74	0.74

表5-3　　　　　一级指标"城乡生产要素流动"比较得分　　　　　单位：分

年份 城市	2010	2011	2012	2013	2014	2015	2016	2017	2018
广州	0.21	0.24	0.24	0.24	0.22	0.26	0.26	0.26	0.25
北京	0.29	0.30	0.29	0.29	0.31	0.30	0.28	0.29	0.29
上海	0.27	0.28	0.29	0.26	0.25	0.25	0.26	0.27	0.26
天津	0.21	0.24	0.23	0.23	0.23	0.24	0.22	0.22	0.23
杭州	0.23	0.26	0.26	0.26	0.26	0.30	0.28	0.26	0.27
重庆	0.20	0.20	0.20	0.21	0.21	0.21	0.21	0.21	0.21
苏州	0.25	0.31	0.31	0.30	0.29	0.29	0.28	0.27	0.28
成都	0.18	0.21	0.17	0.16	0.15	0.16	0.19	0.24	0.22

表5-4　一级指标"基础设施和公共服务一体化"比较得分　　单位：分

年份 城市	2010	2011	2012	2013	2014	2015	2016	2017	2018
广州	0.26	0.26	0.28	0.28	0.31	0.24	0.24	0.23	0.19
北京	0.30	0.30	0.29	0.30	0.28	0.28	0.27	0.27	0.28
上海	0.16	0.19	0.18	0.18	0.17	0.17	0.17	0.16	0.17
天津	0.20	0.20	0.18	0.18	0.17	0.17	0.17	0.17	0.17
杭州	0.25	0.25	0.25	0.26	0.25	0.26	0.25	0.25	0.26
重庆	0.18	0.19	0.19	0.19	0.19	0.20	0.20	0.20	0.21
苏州	0.17	0.18	0.18	0.19	0.18	0.18	0.18	0.17	0.18
成都	0.17	0.18	0.18	0.19	0.20	0.19	0.19	0.19	0.20

表5-5　一级指标"城乡居民生活差异合理化"比较得分　　单位：分

年份 城市	2010	2011	2012	2013	2014	2015	2016	2017	2018
广州	0.27	0.27	0.27	0.27	0.27	0.28	0.28	0.28	0.29
北京	0.24	0.25	0.25	0.25	0.26	0.27	0.28	0.28	0.28
上海	0.27	0.27	0.27	0.27	0.29	0.28	0.28	0.28	0.28
天津	0.25	0.26	0.27	0.30	0.31	0.31	0.31	0.30	0.30
杭州	0.26	0.27	0.28	0.29	0.31	0.31	0.31	0.31	0.32
重庆	0.23	0.23	0.22	0.24	0.26	0.27	0.27	0.27	0.28
苏州	0.29	0.30	0.30	0.30	0.29	0.29	0.30	0.30	0.31
成都	0.25	0.26	0.26	0.26	0.28	0.32	0.31	0.32	0.32

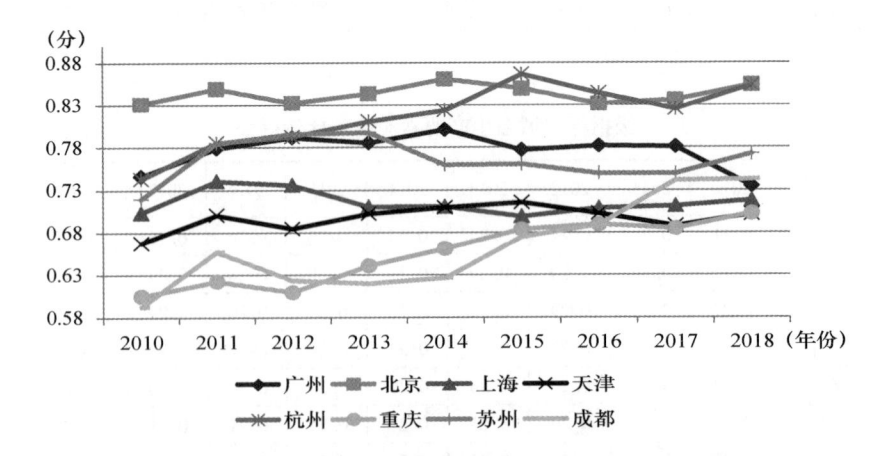

图5-1　国内重点城市城乡融合发展水平比较得分趋势

(元)

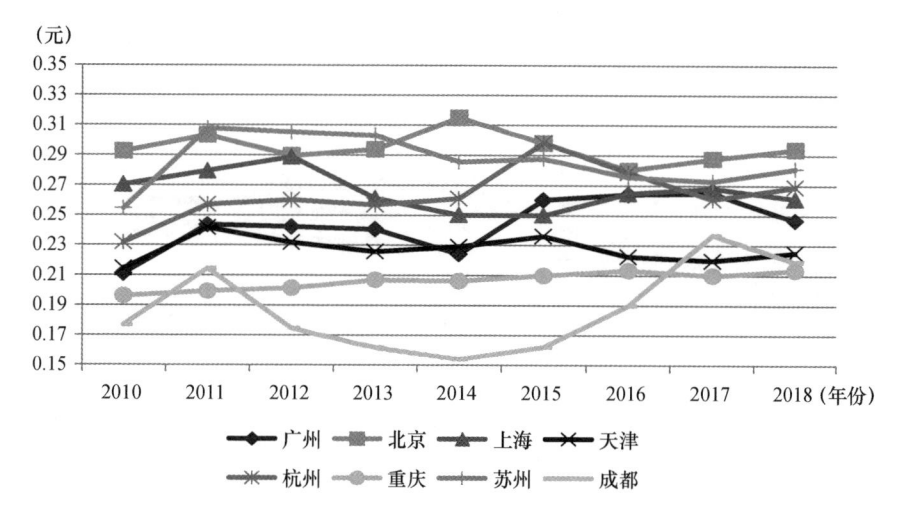

图 5-2 城乡生产要素流动比较得分趋势

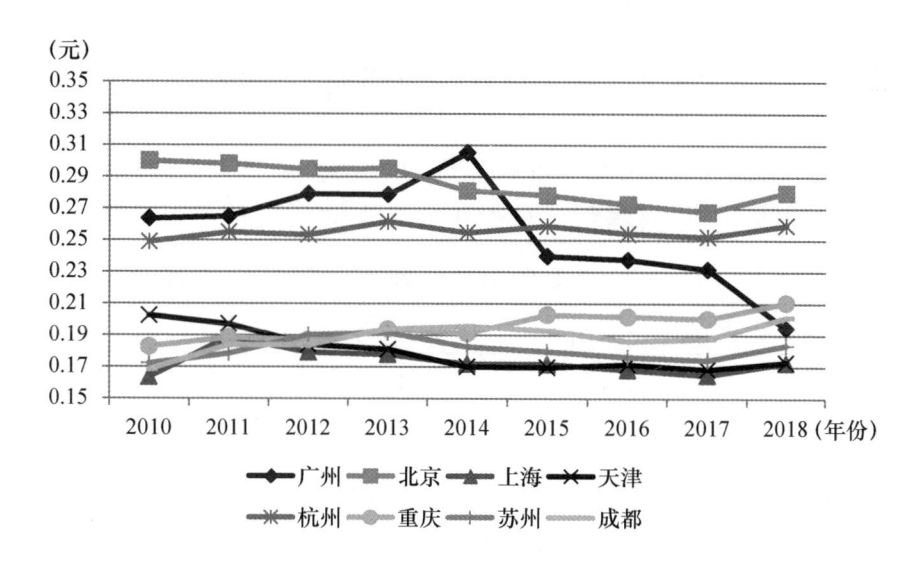

图 5-3 基础设施和公共服务一体化比较得分趋势

1. 城乡融合发展水平横向比较

从表 5-2 的各城市城乡融合发展水平比较得分来看，2018 年，北京和杭州的城乡融合发展水平比较得分最高，都为 0.85；苏州处于第三位，比较得分为 0.77；成都处于第四位，比较得分为 0.74；广州和上海紧随其后，比较得分分别为 0.73 和

(元)

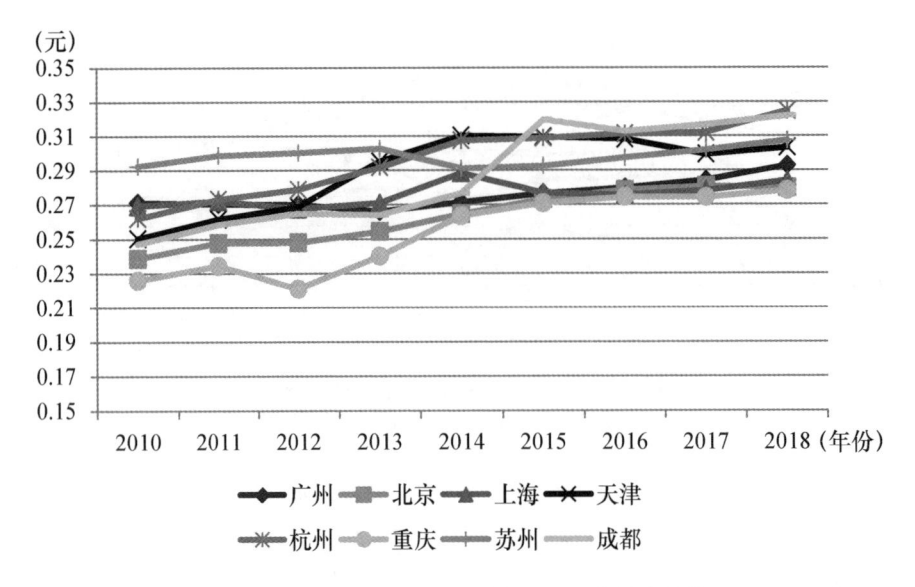

图 5-4 城乡居民生活差异合理化比较得分趋势

0.72；排名靠后的天津和重庆，都为0.70。

从表5-3一级指标"城乡生产要素流动"比较得分情况来看，2018年，城乡生产要素流动比较得分最高的为北京，比较得分为0.29；苏州、杭州、上海、广州紧随其后，比较得分分别为0.28、0.27、0.26、0.25；天津、成都、重庆位列第六至第八，比较得分分别为0.23、0.22、0.21。

从表5-4一级指标"基础设施和公共服务一体化"比较得分情况来看，2018年，北京和杭州的基础设施和公共服务一体化比较得分较高，比较得分分别为0.28和0.26；重庆、成都、广州、苏州、上海、天津的比较得分与前两名相比有一定的差距，比较得分分别为0.21、0.20、0.19、0.18、0.17、0.17。

从表5-5一级指标"城乡居民生活差异合理化"比较得分情况来看，2018年，杭州和成都的基础设施和公共服务一体化比较得分最高，比较得分都是0.32；苏州、天津、广州、北京、上海、重庆的比较得分位列第三到第八，比较得分分别为 0.31、0.30、0.29、0.28、0.28、0.28。

2. 城乡融合发展水平纵向比较

从表 5-2 和图 5-1 的 2010—2018 年各城市城乡融合发展水平比较得分的发展趋势来看，广州的城乡融合发展水平比较得分在 2010—2014 年有所提升，2014 年以后有所下降，主要是因为基础设施和公共服务一体化指标在 2014 年以后出现下降。2010—2018 年成都、杭州和重庆的城乡融合发展水平比较得分不断提高；2018 年成都城乡融合发展水平比较得分为 0.74，比 2010 年提高了 0.15；2018 年杭州城乡融合发展水平比较得分为 0.85，比 2010 年提高了 0.11；而 2018 年重庆城乡融合发展水平比较得分为 0.7，比 2010 年提高了 0.1。2018 年北京、上海、天津、苏州等城市城乡融合发展水平比较得分与 2010 年相比，有小幅提升，而 2018 年广州城乡融合发展水平比较得分与 2010 年相比则有所下降。

从表 5-3 一级指标"城乡生产要素流动"比较得分和图 5-2 城乡生产要素流动比较得分趋势来看，2018 年与 2010 年相比，广州、杭州和成都的比较得分提高最多，都提高了 0.04；苏州、天津、重庆比较得分则分别提高了 0.03、0.02 和 0.01。2018 年与 2010 年相比，北京的城乡生产要素流动比较得分没有变动，而上海的比较得分则下降了 0.01。

从表 5-4 一级指标"基础设施和公共服务一体化"比较得分和图 5-3 基础设施和公共服务一体化比较得分趋势图来看，2018 年与 2010 年相比，重庆和成都的比较得分提高最多，都提高了 0.03；上海和杭州的比较得分都提高了 0.01；北京、天津和广州的城乡生产要素流动比较得分都有下降，下降分数分别为 0.02、0.03 和 0.07。

从表 5-5 一级指标"城乡居民生活差异合理化"比较得分

和图5-4城乡居民生活差异合理化比较得分趋势来看,2018年与2010年相比,各城市的比较得分都有所提高:成都的比较得分提高最多,提高了0.07;杭州、重庆、天津、北京、苏州、广州和上海提高的分数分别为0.06、0.05、0.05、0.04、0.02、0.02和0.01。

(二) 基础数据

广州、北京、上海、天津、杭州、重庆、苏州、成都各城市的城乡融合发展水平测度基础数据如表5-6至表5-13所示。

表5-6　　　　广州城乡融合发展水平测度基础数据

项目＼年份	2010	2011	2012	2013	2014	2015	2016	2017	2018
城镇化率(%)	83.78	84.13	85.02	85.27	85.43	85.53	86.06	86.14	86.38
一般公共预算支出中农林水支出比重(%)	3.98	4.56	4.73	5.32	3.77	4.38	3.72	3.38	3.42
一般公共预算支出中科学技术支出比重(%)	3.27	3.61	3.88	3.91	3.92	5.13	5.81	7.83	6.53
农业人口人均公路里程(公里/万人)	109.3	112.2	115.0	113.7	121.1	53.8	53.0	51.1	47.8
城镇职工养老保险参保人数占常住人口比例(%)	29.51	31.09	45.44	46.64	70.76	74.68	78.49	82.52	52.57
每万人医生数(人/万人)	26.42	27.95	29.16	30.71	31.13	31.48	33.32	34.31	36.32
城乡人均可支配收入之比	2.42	2.32	2.27	2.23	2.43	2.42	2.38	2.36	2.31

续表

项目\年份	2010	2011	2012	2013	2014	2015	2016	2017	2018
城乡居民恩格尔系数之比	0.73	0.76	0.76	0.77	0.77	0.83	0.83	0.83	0.84
城乡居民人均消费支出之比	2.78	2.79	2.78	2.84	2.59	2.25	2.18	2.15	2.04

表5-7　北京城乡融合发展水平测度基础数据

项目\年份	2010	2011	2012	2013	2014	2015	2016	2017	2018
城镇化率（%）	85.96	86.23	86.20	86.30	86.40	86.51	86.50	86.45	86.50
一般公共预算支出中农林水支出比重（%）	5.84	5.77	6.04	7.13	7.60	7.40	6.92	7.60	7.71
一般公共预算支出中科学技术支出比重（%）	6.58	5.64	5.43	5.62	6.25	5.02	4.46	5.30	5.70
农业人口人均公路里程（公里/万人）	76.6	76.8	75.3	74.8	74.7	74.7	75.1	75.6	76.5
城镇职工养老保险参保人数占常住人口比例（%）	50.08	54.09	58.30	62.01	64.72	65.62	67.15	69.76	73.88
每万人医生数（人/万人）	33.72	34.55	39.72	40.58	41.64	44.43	46.43	48.71	50.77
城乡人均可支配收入之比	2.60	2.65	2.62	2.61	2.57	2.57	2.57	2.57	2.57
城乡居民恩格尔系数之比	1.01	0.96	0.92	0.85	0.85	0.80	0.78	0.80	0.84
城乡居民人均消费支出之比	2.59	2.39	2.44	2.33	2.32	2.32	2.21	2.14	2.13

表 5-8　　　　　　　　上海城乡融合发展水平测度基础数据

年份 项目	2010	2011	2012	2013	2014	2015	2016	2017	2018
城镇化率（%）	86.72	86.74	87.83	88.26	88.80	89.23	89.39	89.51	90.03
一般公共预算支出中农林水支出比重（%）	4.60	4.13	5.21	4.13	3.90	4.32	4.73	6.05	5.63
一般公共预算支出中科学技术支出比重（%）	6.12	5.58	5.87	5.69	5.06	4.39	4.94	5.17	5.11
农业人口人均公路里程（公里/万人）	39.2	38.8	43.3	44.6	47.7	50.7	51.8	52.5	54.3
城镇职工养老保险参保人数占常住人口比例（%）	22.69	38.45	38.70	38.19	38.63	39.79	40.66	42.21	42.58
每万人医生数（人/万人）	22.28	22.19	22.77	24.06	25.27	26.13	27.07	28.24	30.90
城乡人均可支配收入之比	2.32	2.32	2.31	2.28	2.25	2.28	2.26	2.25	2.24
城乡居民恩格尔系数之比	0.90	0.89	0.92	0.88	0.86	0.86	0.85	0.85	0.85
城乡居民人均消费支出之比	2.27	2.23	2.17	2.10	2.00	2.29	2.33	2.34	2.30

表 5-9　　天津城乡融合发展水平测度基础数据

项目＼年份	2010	2011	2012	2013	2014	2015	2016	2017	2018
城镇化率（%）	79.55	80.50	81.55	82.01	82.28	82.64	82.93	82.93	83.15
一般公共预算支出中农林水支出比重（%）	4.88	5.11	4.71	4.83	4.68	4.83	4.35	4.82	5.34
一般公共预算支出中科学技术支出比重（%）	3.14	3.35	3.57	3.64	3.78	3.74	3.38	3.53	3.44
农业人口人均公路里程（公里/万人）	55.8	57.4	59.0	59.3	59.9	61.6	62.9	62.2	61.9
城镇职工养老保险参保人数占常住人口比例（%）	33.21	33.86	34.69	35.37	35.96	36.54	40.91	42.07	43.80
每万人医生数（人/万人）	21.92	22.02	21.73	21.78	21.98	23.19	24.20	26.42	27.58
城乡人均可支配收入之比	2.23	2.02	1.96	1.89	1.85	1.85	1.85	1.85	1.86
城乡居民恩格尔系数之比	0.97	1.14	1.21	0.97	0.97	0.97	0.98	1.05	0.98
城乡居民人均消费支出之比	2.80	2.29	2.01	1.79	1.77	1.78	1.78	1.85	1.94

表 5-10　　杭州城乡融合发展水平测度基础数据

年份 项目	2010	2011	2012	2013	2014	2015	2016	2017	2018
城镇化率（%）	69.81	70.62	71.07	71.74	72.43	75.50	76.17	76.80	77.40
一般公共预算支出中农林水支出比重（%）	5.18	5.25	5.71	5.92	5.85	7.30	6.51	5.82	5.49
一般公共预算支出中科学技术支出比重（%）	4.68	4.69	5.11	5.41	5.45	5.82	5.33	5.99	6.88
农业人口人均公路里程（公里/万人）	58.1	60.0	61.8	63.6	65.4	73.4	74.5	74.8	74.5
城镇职工养老保险参保人数占常住人口比例（%）	44.11	49.00	55.97	60.01	62.92	63.11	62.69	66.36	68.43
每万人医生数（人/万人）	27.97	29.50	31.09	33.57	35.96	38.62	41.55	44.18	45.78
城乡人均可支配收入之比	2.28	2.23	2.20	1.93	1.89	1.88	1.87	1.85	1.84
城乡居民恩格尔系数之比	1.19	1.10	1.14	0.91	0.95	0.98	0.96	0.98	0.90
城乡居民人均消费支出之比	1.97	1.87	1.67	1.91	1.81	1.75	1.74	1.74	1.72

表 5–11　　　　重庆城乡融合发展水平测度基础数据

年份 项目	2010	2011	2012	2013	2014	2015	2016	2017	2018
城镇化率（%）	53.02	55.02	56.98	58.34	59.60	60.94	62.60	64.08	65.50
一般公共预算支出中农林水支出比重（%）	9.10	7.74	8.42	9.22	8.83	8.70	8.70	8.02	8.08
一般公共预算支出中科学技术支出比重（%）	1.01	0.97	0.98	1.26	1.15	1.20	1.29	1.37	1.51
农业人口人均公路里程（公里/万人）	86.3	90.3	95.3	99.3	105.4	119.3	125.4	133.9	147.2
城镇职工养老保险参保人数占常住人口比例（%）	19.75	21.69	23.89	25.62	27.24	27.76	28.29	28.82	30.49
每万人医生数（人/万人）	15.55	16.99	17.65	18.59	19.39	20.23	21.22	22.25	24.62
城乡人均可支配收入之比	2.98	2.80	2.79	2.71	2.65	2.60	2.56	2.55	2.53
城乡居民恩格尔系数之比	0.77	0.83	0.94	0.92	0.85	0.84	0.84	0.88	0.90
城乡居民人均消费支出之比	4.07	3.33	3.30	2.46	2.29	2.21	2.11	2.08	2.02

表 5–12　　苏州城乡融合发展水平测度基础数据

项目 \ 年份	2010	2011	2012	2013	2014	2015	2016	2017	2018
城镇化率（%）	70.06	71.31	72.31	73.15	73.95	74.90	75.50	75.80	76.05
一般公共预算支出中农林水支出比重（%）	7.53	7.84	7.77	8.29	7.13	6.58	5.53	5.73	5.54
一般公共预算支出中科学技术支出比重（%）	4.33	5.35	5.98	6.30	5.81	5.78	5.89	7.00	7.80
农业人口人均公路里程（公里/万人）	40.7	43.2	44.8	46.3	47.8	49.7	50.6	49.0	47.4
城镇职工养老保险参保人数占常住人口比例（%）	33.15	36.93	44.83	46.55	47.72	48.19	48.90	51.35	53.71
每万人医生数（人/万人）	17.36	18.56	21.99	22.97	23.91	24.68	25.98	28.32	30.64
城乡人均可支配收入之比	1.99	1.93	1.93	1.91	1.98	1.97	1.96	1.96	1.96
城乡居民恩格尔系数之比	1.14	1.10	1.09	1.04	1.03	1.03	1.04	1.03	1.00
城乡居民人均消费支出之比	1.72	1.69	1.61	1.55	1.88	1.86	1.77	1.73	1.73

表 5-13　　　　　成都城乡融合发展水平测度基础数据

项目＼年份	2010	2011	2012	2013	2014	2015	2016	2017	2018
城镇化率（%）	65.75	67.00	68.44	69.40	70.37	71.47	70.62	71.85	73.12
一般公共预算支出中农林水支出比重（%）	3.73	4.88	2.76	2.90	2.47	2.41	4.20	8.02	4.91
一般公共预算支出中科学技术支出比重（%）	2.80	3.03	2.78	2.24	1.96	2.22	2.57	2.57	4.30
农业人口人均公路里程（公里/万人）	43.3	45.9	49.3	51.5	53.3	54.9	55.7	58.2	63.2
城镇职工养老保险参保人数占常住人口比例（%）	18.70	23.02	27.17	31.23	36.76	37.77	38.64	42.20	47.45
每万人医生数（人/万人）	25.15	28.36	30.19	32.03	33.41	34.25	34.36	36.27	37.66
城乡人均可支配收入之比	2.54	2.42	2.36	2.31	2.26	1.89	1.93	1.92	1.90
城乡居民恩格尔系数之比	0.91	0.88	0.86	0.87	0.87	0.89	0.90	0.90	0.90
城乡居民人均消费支出之比	2.68	2.53	2.36	2.30	2.24	1.72	1.75	1.73	1.71

(三) 正向化处理及标准化处理后数值

广州、北京、上海、天津、杭州、重庆、苏州、成都各城市城乡融合发展水平测度指标正向化处理及标准化处理后数值如表5-14至5-21所示。

表5-14　　广州城乡融合发展水平测度指标正向化处理及标准化处理后数值

项目＼年份	2010	2011	2012	2013	2014	2015	2016	2017	2018
城镇化率	0.97	0.97	0.97	0.97	0.96	0.96	0.96	0.96	0.96
一般公共预算支出中农林水支出比重	0.44	0.58	0.56	0.58	0.43	0.50	0.43	0.42	0.42
一般公共预算支出中科学技术支出比重	0.50	0.64	0.65	0.62	0.63	0.88	0.99	1.00	0.84
农业人口人均公路里程	1.00	1.00	1.00	1.00	1.00	0.45	0.42	0.38	0.33
城镇职工养老保险参保人数占常住人口比例	0.59	0.57	0.78	0.75	1.00	1.00	1.00	1.00	0.71
每万人医生数	0.78	0.81	0.73	0.76	0.75	0.71	0.72	0.70	0.72
城乡人均可支配收入之比	0.82	0.83	0.85	0.85	0.76	0.76	0.78	0.78	0.80
城乡居民恩格尔系数之比	1.00	1.00	1.00	1.00	1.00	0.96	0.94	0.97	1.00
城乡居民人均消费支出之比	0.62	0.60	0.58	0.55	0.68	0.76	0.80	0.81	0.84

表 5–15　北京城乡融合发展水平测度指标正向化处理及标准化处理后数值

项目＼年份	2010	2011	2012	2013	2014	2015	2016	2017	2018
城镇化率	0.99	0.99	0.98	0.98	0.97	0.97	0.97	0.97	0.96
一般公共预算支出中农林水支出比重	0.64	0.74	0.72	0.77	0.86	0.85	0.80	0.95	0.95
一般公共预算支出中科学技术支出比重	1.00	1.00	0.91	0.89	1.00	0.86	0.76	0.68	0.73
农业人口人均公路里程	0.70	0.68	0.65	0.66	0.62	0.63	0.60	0.56	0.52
城镇职工养老保险参保人数占常住人口比例	1.00	1.00	1.00	1.00	0.91	0.88	0.86	0.85	1.00
每万人医生数	1.00	1.00	1.00	1.00	1.00	1.00	1.00	1.00	1.00
城乡人均可支配收入之比	0.77	0.73	0.74	0.72	0.72	0.72	0.72	0.72	0.72
城乡居民恩格尔系数之比	0.72	0.80	0.84	0.90	0.90	1.00	1.00	1.00	1.00
城乡居民人均消费支出之比	0.66	0.71	0.66	0.66	0.76	0.74	0.79	0.81	0.80

表 5-16　　上海城乡融合发展水平测度指标正向化处理及标准化处理后数值

年份 项目	2010	2011	2012	2013	2014	2015	2016	2017	2018
城镇化率	1.00	1.00	1.00	1.00	1.00	1.00	1.00	1.00	1.00
一般公共预算支出中农林水支出比重	0.51	0.53	0.62	0.45	0.44	0.50	0.54	0.75	0.70
一般公共预算支出中科学技术支出比重	0.93	0.99	0.98	0.90	0.81	0.75	0.84	0.66	0.65
农业人口人均公路里程	0.36	0.35	0.38	0.39	0.39	0.43	0.41	0.39	0.37
城镇职工养老保险参保人数占常住人口比例	0.45	0.71	0.66	0.62	0.55	0.53	0.52	0.51	0.58
每万人医生数	0.66	0.64	0.57	0.59	0.61	0.59	0.58	0.58	0.61
城乡人均可支配收入之比	0.86	0.83	0.84	0.83	0.82	0.81	0.82	0.82	0.82
城乡居民恩格尔系数之比	0.81	0.86	0.83	0.87	0.89	0.93	0.92	0.94	0.99
城乡居民人均消费支出之比	0.76	0.76	0.74	0.74	0.89	0.75	0.74	0.74	0.74

表5-17 　　天津城乡融合发展水平测度指标正向化处理及标准化处理后数值

项目＼年份	2010	2011	2012	2013	2014	2015	2016	2017	2018
城镇化率	0.92	0.93	0.93	0.93	0.93	0.93	0.93	0.93	0.92
一般公共预算支出中农林水支出比重	0.54	0.65	0.56	0.52	0.53	0.56	0.50	0.60	0.66
一般公共预算支出中科学技术支出比重	0.48	0.59	0.60	0.58	0.60	0.64	0.57	0.45	0.44
农业人口人均公路里程	0.51	0.51	0.51	0.52	0.49	0.52	0.50	0.46	0.42
城镇职工养老保险参保人数占常住人口比例	0.66	0.63	0.60	0.57	0.51	0.49	0.52	0.51	0.59
每万人医生数	0.65	0.64	0.55	0.54	0.53	0.52	0.52	0.54	0.54
城乡人均可支配收入之比	0.89	0.95	0.99	1.00	1.00	1.00	1.00	1.00	0.99
城乡居民恩格尔系数之比	0.75	0.66	0.63	0.79	0.79	0.82	0.80	0.76	0.86
城乡居民人均消费支出之比	0.61	0.74	0.80	0.87	1.00	0.96	0.97	0.94	0.88

表 5-18　杭州城乡融合发展水平测度指标正向化处理及标准化处理后数值

年份 项目	2010	2011	2012	2013	2014	2015	2016	2017	2018
城镇化率	0.80	0.81	0.81	0.81	0.82	0.85	0.85	0.86	0.86
一般公共预算支出中农林水支出比重	0.57	0.67	0.68	0.64	0.66	0.84	0.75	0.72	0.68
一般公共预算支出中科学技术支出比重	0.71	0.83	0.85	0.86	0.87	1.00	0.91	0.77	0.88
农业人口人均公路里程	0.53	0.54	0.54	0.56	0.54	0.62	0.59	0.56	0.51
城镇职工养老保险参保人数占常住人口比例	0.88	0.91	0.96	0.97	0.89	0.85	0.80	0.80	0.93
每万人医生数	0.83	0.85	0.78	0.83	0.86	0.87	0.89	0.91	0.90
城乡人均可支配收入之比	0.88	0.86	0.88	0.98	0.98	0.98	0.99	1.00	1.00
城乡居民恩格尔系数之比	0.61	0.69	0.67	0.84	0.81	0.82	0.81	0.81	0.93
城乡居民人均消费支出之比	0.87	0.90	0.96	0.81	0.98	0.98	1.00	1.00	0.99

表 5-19　　重庆城乡融合发展水平测度指标正向化处理
及标准化处理后数值

项目＼年份	2010	2011	2012	2013	2014	2015	2016	2017	2018
城镇化率	0.61	0.63	0.65	0.66	0.67	0.68	0.70	0.72	0.73
一般公共预算支出中农林水支出比重	1.00	0.99	1.00	1.00	1.00	1.00	1.00	1.00	1.00
一般公共预算支出中科学技术支出比重	0.15	0.17	0.16	0.20	0.18	0.21	0.22	0.17	0.19
农业人口人均公路里程	0.79	0.80	0.83	0.87	0.87	1.00	1.00	1.00	1.00
城镇职工养老保险参保人数占常住人口比例	0.39	0.40	0.41	0.41	0.38	0.37	0.36	0.35	0.41
每万人医生数	0.46	0.49	0.44	0.46	0.47	0.46	0.46	0.46	0.48
城乡人均可支配收入之比	0.67	0.69	0.69	0.70	0.70	0.71	0.72	0.73	0.73
城乡居民恩格尔系数之比	0.94	0.92	0.81	0.83	0.90	0.95	0.93	0.91	0.93
城乡居民人均消费支出之比	0.42	0.51	0.49	0.63	0.77	0.78	0.82	0.83	0.85

表 5-20 苏州城乡融合发展水平测度指标正向化处理及标准化处理后数值

项目\年份	2010	2011	2012	2013	2014	2015	2016	2017	2018
城镇化率	0.81	0.82	0.82	0.83	0.83	0.84	0.84	0.85	0.84
一般公共预算支出中农林水支出比重	0.83	1.00	0.92	0.90	0.81	0.76	0.64	0.71	0.69
一般公共预算支出中科学技术支出比重	0.66	0.95	1.00	1.00	0.93	0.99	1.00	0.89	1.00
农业人口人均公路里程	0.37	0.39	0.39	0.41	0.39	0.42	0.40	0.37	0.32
城镇职工养老保险参保人数占常住人口比例	0.66	0.68	0.77	0.75	0.67	0.65	0.62	0.62	0.73
每万人医生数	0.51	0.54	0.55	0.57	0.57	0.56	0.56	0.58	0.60
城乡人均可支配收入之比	1.00	1.00	1.00	0.99	0.93	0.94	0.94	0.94	0.94
城乡居民恩格尔系数之比	0.63	0.69	0.70	0.74	0.75	0.77	0.75	0.77	0.84
城乡居民人均消费支出之比	1.00	1.00	1.00	1.00	0.94	0.92	0.98	1.00	0.99

表 5-21　　成都城乡融合发展水平测度指标正向化处理及标准化处理后数值

年份 项目	2010	2011	2012	2013	2014	2015	2016	2017	2018
城镇化率	0.76	0.77	0.78	0.79	0.79	0.80	0.79	0.80	0.81
一般公共预算支出中农林水支出比重	0.41	0.62	0.33	0.31	0.28	0.28	0.48	1.00	0.61
一般公共预算支出中科学技术支出比重	0.42	0.54	0.46	0.36	0.31	0.38	0.44	0.33	0.55
农业人口人均公路里程	0.40	0.41	0.43	0.45	0.44	0.46	0.44	0.43	0.43
城镇职工养老保险参保人数占常住人口比例	0.37	0.43	0.47	0.50	0.52	0.51	0.49	0.51	0.64
每万人医生数	0.75	0.82	0.76	0.79	0.80	0.77	0.74	0.74	0.74
城乡人均可支配收入之比	0.79	0.80	0.82	0.82	0.82	0.98	0.96	0.97	0.97
城乡居民恩格尔系数之比	0.80	0.86	0.89	0.88	0.88	0.90	0.87	0.89	0.93
城乡居民人均消费支出之比	0.64	0.67	0.68	0.68	0.79	1.00	0.99	1.00	1.00

第六章　广州城乡融合发展的总体思路

一　一个核心：体制机制创新

党的十九大报告指出，中国共产党将致力于城乡融合发展机制的建设，并不断完善相关制度体系。改革开放之后，尤其是党的十八大报告出台之后，广州虽然在城乡融合发展方面取得了一定成就，但也面临一些问题，如不均衡的公共资源配置、不通畅的城乡要素流动等。这些问题的存在制约了城乡融合发展体制的落实与效果发挥。故而，优化和创新体制机制成为实现城乡融合的重要基础。它既有利于城乡互补和工程互促，又有助于新型城乡关系的建设，同时对广州的农村现代化发展具有重要意义。

加强体制机制创新，既是顶层设计又是制度创新，也是城乡融合发展的关键。第一，建立城乡一体化发展理念。根据城镇化与城乡发展趋势，掌握未来城乡融合发展方向，彰显城带乡、工推农的发展思路，打造合理的城乡发展局势，进而实现生态保护、基础设施等多方面的融合发展。第二，增强改革的系统性、整体性、协同性。在遵循整体规划的条件下，以现代化建设特征和乡村全面振兴理念为基础，落实顶层设计和统筹规划，消除公共服务、土地资本等方面的不足之处，进而为城乡融合打下制度基础。第三，充分考虑广州城乡融合发展阶段和乡村差异性。坚持因地制宜、循序渐进，掌握新时代背景下城乡融合发展的模式和方法，以基层首创精神来落实各层面的具体工作，进而构建既有广州当地发展特色又迎合广州当前发展局势的新型城乡融合发展模式。第四，合理把控改革、稳定与发展的关系。在落实新发展体制的同时，力求不逾越耕地红线、不改变原有土地性质，确保广大农民利益得到有效保护，并在维护乡村文化和生态环境的同时，加强对各类经济社会风险的防范与重视。第五，始终将农民作为主体，注重落实共享发展模式。在乡村振兴过程中，力求将农民主体功能发挥出来，遵循广大农民主体意愿，切实维护广大农民利益，通过调动农民的创造性、主动性，带动农民发展和引导农业全面进步，进而达到提升广大农民安全感和幸福感的目的。

按照国家和省城乡融合发展总体部署与要求，广州城乡融合发展体制机制创新要着力在以下方面寻求突破：第一，构建并完善可合理配置城乡要素的体制机制。在消除城乡要素平等交换与自由流动影响的基础上，引导各要素流向广州各地农村区域，并在乡村中构成多产业的合理循环模式，为广州农村地区的进一步发展提供所需的能量和动能。第二，构建并完善可推动乡村经济朝多元化方向发展的体制机制。在现代化农业发展的背景下，以新业态、新产业发展为基础，不断完善农民联合发展体系，力求达到农业全产业链和乡村经济多元化发展的目的。第三，构建并完善可共享城乡公共服务的体制机制。将社会事业、公共服务延伸并覆盖至农村地区，实现城乡一体化、普惠共享化的服务体系，进而带动城乡公共服务走向并轨、统一的发展道路。第四，构建并完善可实现一体化城乡基础设施的体制机制。在基础设施建设过程中，始终将农村地区作为核心目标，遵循机制先于工程的发展模式，带动乡村设施升级优化，实现城乡基建管护、建设、规划等多方面的统一。第五，构建并完善可持续提升农民收入的体制机制。不断丰富广大农民收入渠道，实现持续提升农民收入目标，进而缩小城乡人民之间的生活差距。

二 两大重点：城乡产业融合、公共服务均等化

（一）城乡产业融合

针对广州农村新业态新产业发展层次低、三级产业融合程度较浅等问题，可从城乡产业融合方面入手，致力于新业态新产业的培养，不断优化农村三级产业融合体系，提高农村地区特色产品价值，进而达到农业全产业链和乡村经济多元化发展的目的。

1. 打造城乡融合平台载体

依托广州特色农产品优势区、省级现代农业产业园及其他类型的农产品加工集聚区等，打造升级一批农产品精深加工示范基地及产业融合载体。第一，加快农业产业园区融合速度。将设施、人才、资金等发展要素都集聚到园区，打造一批既强大又独特的多产业融合示范园，构成多模式带动、多业态发展、多元化主体的新型发展局势。第二，打造一批具有强大实力的农业产业乡村。在城镇产业基础上，打造一批既存在利益关联又以区域产业为主导的农业产业乡村，并将这些乡村所属镇政府作为经济核心区域，以此达到构建以农户收入提升为目标、以乡村为基地、以城镇为加工场所的新型发展模式的目的。第三，加快产业集群融合速度。鼓励各地区发展农业产业园，打造出一批知名品牌和企业，并引导乡村产业生产园区和基地朝着精致化、中高端的方向发展，力求实现降低农村市场主体成本和提高农村质量效率的目标，并形成新的产业融合集群，以此推动城乡融合发展步伐。

2. 加快各产业的深度融合速度

广州市政府要鼓励各区域农村探索多产业融合发展模式，构建并完善如文化创意、乡村旅游等多产业相融合的新业态、新产业培养发展模式，引导健康养老、旅游、农业等多产业相互融合。充分利用镇域旅游资源，建立以乡镇为基础的新型旅游格局，制定合理的市场准入标准，并提升事中、事后的监督措施和标准，指导乡村产业不断优化和升级。进一步挖掘农业农村的多元化价值和功能，塑造如乡村民宿、乡村旅游等精品项目，在提高创意创新力度的同时，致力于管理服务质量的增强。

（二）公共服务均等化

在城乡基本公共服务方面，目前广州呈现出质量不高、均等化水平较低的状况。所以，想要改善上述现状，需要将社会事业和公共服务延伸并覆盖到农村，构建城乡一体化、普惠共享化的服务机制，进而带动城乡公共服务走向并轨、统一的发展道路。

1. 构建可均衡配置城乡教育资源的制度

将城市教育资源引入农村区域，优化农村地区教育发展模式。将稳步提升农村初等教育教师工资体制落到实处，根据城乡人口变化情况合理配置城乡初等教育资源，同时为乡村各级学生配备校车接送，探索学校为主、政府为辅的随迁子女平等教育保障体系。

2. 提高农村公共服务与基本医疗水平

将城市医疗资源引入农村地区，鼓励城市医院与农村地区医疗机构对接，构建远程、巡回、帮扶的医疗合作模式。将基层服务与基层工作者的薪酬待遇和职称评定指标挂钩，进而提高基层岗位对广大就业者的吸引力。根据各区域农民分布情况，实施差异化的乡村医疗卫生改善措施,进一步提升各地区农村医疗服务水平。鼓励乡镇医疗机构与区域一级医院达成相互合作模式,探索以城市医院为主、乡镇医疗机构为辅、村卫生站为根本的新型合作模式,进而构建三级医疗机构相协作的医疗服务机制。

3. 完善城乡公共文化服务机制

在提升乡镇公共文化设施覆盖面的同时,还要加快设施升级优化效率,将文化站的功能发挥出来,不断引入社会力量完善与优化。构建城乡居民反馈与评价体系,引导广大农民监督并参与到公共文化服务项目建设中。构建乡村文化维护体系,深入发掘当地乡村文化资源,既要注重岭南农耕文化的发掘利用,又要对传统文化更好地传承和维护。除此之外,还要进一步提升各文物古迹和文化古村的活化利用和维护,进而更好地传承和弘扬非物质文化内涵和意义。

4. 优化城乡社保体系

提升城乡医疗一体化机制的建设速度,不断改进大病保险机制,根据各地区实际情况调整大病保险标准。在农村养老服务水平的提升上,可通过政府买入方式来实现,并定期开展探访和巡防工作。构建并完善城乡一体化的社会工作体系,健全老弱病残等弱势群体的服务机制,落实特困人群的扶养体系,完善特困、低保群体的扶养生态制度。

三 三大突破口:城乡要素流动、新型城乡关系、农村土地管理

(一) 加速城乡要素流动

在广州城乡融合发展过程中,城乡要素流动是最为关键的

环节之一，如果想要实现农村竞争力与吸引力的进一步提升，政府主导功能的发挥非常必要。这既有利于弥补的市场不足，又有助于为农村引入更多技术、资本和人才，进而更好地将各项资源下沉到农村地区。

1. 引导并加快农业转移人口市民化

针对广州中心城镇，可进一步提升人口吸引力和承载力，构建并完善多方参与的农业转移人口市民化发展体系，落实相关政策机制，将人口转移与建设用地规模相挂钩。除此之外，在农业转移人口市民化过程中，还要将财政投资预算与城镇政策相对接。这样不仅有助于提升广州市的包容性，还有利于帮助广大新时代农民工更好地与城镇居民相融合。

2. 引导城市人才入乡

若要实现这一点，可从社会保障、财政等方面入手制订相应的激励方案，促使更多城市人才参与入乡返乡创业行列，并对经商人员、农民工和原籍高校学生返乡发展予以鼓励和支持，有效衔接选调生和大学生驻村工作，促使更多高校毕业人才为乡村发展贡献力量。与此同时，可创建相应的人才合作交流机制对多种方式如岗编适度分离等进行探索，定期由城市科教文卫体为乡村提供相应服务。针对医生和教师群体，在工资待遇和评定职称等方面可适当倾斜乡村地区，以便实现改善中高级岗位医生与教师的结构占比。总之，在融合城乡发展的过程中，可结合实际情况制订相应的激励方案，吸引并留住人才，以便为发展乡村地区提供人才保障。

3. 引导工商资本流入乡村

在城乡融合发展中，可引导工商资本在技术、产业和资金等方面为其提供一定支持。引导工商资本对集约化、产业化经营的农业领域进行投资时，可选择政府购买服务等为社会力量进入乡村生活性服务业提供保障。与此同时，积极引入工商资本改造城中村，在政府引导下探索村集体和工商资本能够共赢的合作模式，以便推动村级集体经济的发展。此外，为避免侵害农民和农村集体产权合法权益，保证农地农用，可创建相应的风险防范机制和租赁农地监管机制。

（二）重塑新型城乡关系

新型城乡关系是城乡融合发展的主要内容。从乡村和城市近年来的发展变化和相关政策制度可以了解，中国开始步入不断深化城乡关系认识过程。若要在战略层面为农村赋予更多价值和内涵，则须在发展农业的同时，将城市发展中农村起到的支撑生态、资源的作用发挥出来，并从乡愁文化、自然环境等方面入手强化农村价值，以便实现互动发展城市和农村的目的。与此同时，在社会快速发展的环境下，可在城市化和工业化层面考虑发展农村农业和乡村振兴，而非从割裂农村和城市的层面对农村问题进行研究，即通过创新机制体制和制度设计的方式形成相互融合的发展态势，进而实现融合发展城乡的新局面。

重点解决农村和城市发展不均衡的问题。在融合发展城乡方面，国务院和中共中央已制定了相应的政策体系和机制体制，代表在顶层设计上国家通过改变轻农业重工业、轻农村重城市弊端的方式融合发展乡村和城镇。在实施乡村振兴战略的过程中，若仅凭农业自身显然具有一定难度，因此需要运用融合发展城乡的方式，发挥城市在此过程中的带动作用。换言之，深度融合发展乡村和城市才是真正的乡村振兴，这也是实现农村农业良性循环发展的关键。

（三）推动农村土地制度创新

1. 对农村承包地制度予以改进和完善

它主要指维持农村土地承包地当前关系，将再延长土地承包政策落到实处。与此同时，对三权分置的农村承包地制度予以改进和完善，在法律层面对农村承包权和集体所有权进行保护，合理调整土地经营权。此外，为保证规模经营管理服务质量，不仅需要对当前土地流转规范管理制度予以改进和完善，而且也应在农业产业化经营中支持土地经营权入股。

2. 保证农村宅基地制度改革的稳慎性

具体而言，可对农村宅基地三权即使用权、资格权与所有权分置进行探索，通过适当放宽农村房屋与宅基地使用权的方式，保障农民房屋与宅基地的财产权和资格权。针对人们和集体经济组织将农村闲置房屋与宅基地盘活的行为，可予以鼓励和支持，并在优化农村用地布局的过程中，尊重农民的意愿，确保管制和规划与规定要求相符，以便充分利用建设用地。

3. 盘活集体建设用地

主要指在遵守法律规定和相关制度要求的前提下，鼓励和支持农村集体组织综合应用多种方式共同经营和开发。在具体实施过程中，可设立相应的租赁住房试点，在保留集体土地性质的情况下在试点范围内纳入留用地等村经济发展用地，并结合实际情况限制其具体用途。在管理和兑现留用地方面，可采取多种方式如货币补偿等对留用地指标进行兑现。在城镇建设方面，可选择公开交易的方式对空心村、农村旧住宅等存量建设用地进行流转，得到的收益能为乡村振兴战略实施提供一定资金支持。在建设特色小镇和改造更新旧村的过程中，则要注意密切融合，在将政策配套和规划做好的同时，对提升改造和整治环境、园区等予以鼓励和支持，并通过连片整治和创新模式引入新兴产业与现代服务业。

四 四大转变

(一) 从重城市向城乡并重转变

广州在改革开放后,城市偏向发展战略在一定程度上加快了城市化发展速度,并且对发展当地经济产生了明显促进作用。然而在此过程中,却扩大了城市和乡村的差距,甚至对农村地区的发展产生了制约,发展不均衡现象日益突出。对此,党的十六届三中全会强调了发展农村的重要性,指出可以通过城乡统筹和建设社会主义新农村的方式积极发展农村地区,制定的乡村振兴战略也为发展农村农业提供了方向。在新时代社会环境下,广州可选择调整原本发展重心的方式融合发展城乡,将二者置于同等位置,即针对农村和城市给予的政策支持和工作力度一致,以便二者共同发展和互相促进。

(二) 从重工业向农业农村优先发展转变

新冠肺炎疫情暴发后,国家发展和人们生活都受到了明显影响,农业发展在食品安全、粮食安全中发挥的作用越发突出。然而,自然环境因素对农业发展具有较大影响。并且,农业发展也具有生产效率低和生产周期长的特点,若在发展农业方面缺少财政和政策制度方面的支持,扭转农业发展的落后局面也会面临一定难度。对此,可从体制机制、思维模式等方面入手提高对农业发展的重视力度,通过引导更多社会资本投入农业,加快农村农业的发展速度。这种优先发展农村农业的方式也有利于补充农业发展短板,弥补农业欠账。总之,在农业发展中,可发挥工业化和平台的作用与价值,以便利用工业推动农业发展。

(三) 从城乡分立向城乡相互赋能、相互加持转变

从空间层面上看,虽然农村和城市所处地域空间并不相同,但是二者的融合发展将成为此后的主要趋势。一直以来,在国家机制体制、基本国情等因素的影响下,针对农村、城市,中国制定了相应的管理模式。因此,若要实现融合发展的目的,则需向相互加持、相互赋能转变。一方面,生态资源、生态环境方面,农村更有优势,和城市发展能够形成互补,并且二者独立发展对双方均会产生制约,只有相互加持与赋能才能实现双赢的目的;另一方面,人口数量和城市规模的不断增长与扩大提高了消费能力,在融合发展农村和城市的过程中,前者可以得到后者释放的巨大红利,因此会对农村发展起到一定推动作用。

(四) 从政府主导向政府、市场共同发挥作用转变

在社会主义现代化建设中,城乡融合发展属于新征程的主要内容。若要将市场配置资源作用充分发挥出来,则需要政府发挥主导和引领作用。整体来看,创新制度和顶层设计属于城乡融合发展的关键,因此各级政府需要在落实上述工作的同时,将市场力量发挥出来,以便集聚发展资源。广州可借助当前成熟的市场机制和体制向农村地区倾斜更多的资本、技术和人才等,以便通过下沉农村和聚焦农村的方式推动农村地区发展。总之,只有在农村拥有良好创业创新环境与较好发展前景的基础上,农村地区才能更具竞争力和吸引力。

第七章　广州城乡融合发展的实现路径

一　构建城乡要素合理配置体制机制

（一）加快农业转移人口市民化

1. 加强农业转移人口市民化财力保障

用好广东省下达的农业转移人口市民化奖励资金，完善市、区两级政府在农业转移人口市民化过程中提供的教育、卫生、社保等财政分担机制，有效支撑农业转移人口基本公共服务、增强社区能力及支持城市基础设施运行维护。对常住人口较多、社会管理压力较大的部分区给予专项补助（均衡性转移支付资金），促进全市区域间财力均衡和公共服务均等化，切实增强各区在统筹农业转移人口教育、就业、社会保障等方面的财力支持。在健全教育、城乡基本医疗保险、城乡社会保障、就业扶持、市民化奖励机制、居住证人口、城市承载能力、农村产权制度改革等方面予以重点支持。全面落实支持农业转移人口市民化的财政政策、城镇建设用地增加规模与吸纳农业转移人口数量挂钩政策，以及预算内投资安排向吸纳农业转移人口落户数量较多的城镇倾斜政策。

2. 提高进城落户人员基本权益

实施农业转移人口市民化支持政策，完善由政府、企业、个人共同参与的市民化成本分担机制，优化农村户口户籍变动与农民土地承包权、宅基地使用权、集体收益分配权挂钩的措施，保障进城落户农民相应权益。建立多层次住房保障体系，推进住房保障向符合条件的城镇中等偏下收入住房困难家庭、新就业无房职工覆盖。落实来穗人员及进城落户人员医疗保险关系转移接续，推进异地就医直接结算，提高医疗保险水平，保障城乡居民医疗保险待遇，落实进城落户人员参加城镇养老保险等政策，做好进城落户未成年人教育，完善来穗务工人员随迁子女义务教育。

（二）加强农村土地制度管理与创新

1. 推进土地要素市场化配置

要落实国家和省相关政策，建立健全统一的建设用地市场，深化产业用地市场化配置改革，鼓励盘活存量建设用地，完善土地管理体制，增强土地管理灵活性，为促进城乡融合发展和经济高质量发展提供新的动力源。全面推开农村土地征收制度改革，实行农村集体经营性建设用地与国有土地同等入市、同权同价，扩大国有土地有偿使用范围。建立公平合理的集体经营性建设用地入市增值收益分配制度，在对土地征收的公共利益进行明确界定的基础上，进一步完善公共利益征地的相关制度规定。

2. 保障乡村产业建设用地需求

建议广州市每年年度土地利用计划专项安排建设用地指标用于乡村振兴，涉农区每年安排不少于一定比例的新增建设用地指标，保障乡村振兴用地需求。积极用好用足农业新产业新业态、产业融合、农民住房建设的省级专项用地指标。统筹安排现代农业项目、农村产业项目、"菜篮子"基地、助农服务综合平台项目等用地指标。积极探索"点状供地"等供地模式，推动拆旧复垦，释放土地资源活力，在村民自愿、符合国土空间规划的前提下，鼓励腾退的空闲宅基地、废弃的集体公益性建设用地转为村经济发展用地，可按照集体建设用地使用权流转管理办法的相关规定探索开展流转入市。

3. 盘活农村集体建设用地

鼓励农村集体经济组织依法以集体经营性建设用地使用权租赁、入股、联营等形式共同开发经营。开展利用集体建设用地租赁住房试点，将原来批准用途仅限于工业和商服用地的村经济发展用地（含留用地）纳入试点范围，保留集体土地性质，研究改革村经济发展用地（含留用地）用途限制。支持广州条件成熟的区探索集体建设用地同城同价，平等上市交易。加强留用地兑现和管理，采取置换物业、货币补偿等多种方式兑现留用地指标。继续用足用好拆旧复垦政策，鼓励将农村旧住宅、废弃宅基地、空心村等存量建设用地指标以公开交易方式流转用于城镇建设，把流转指标的收益返还给农村用于乡村振兴。促进旧村更新改造与特色小镇建设紧密融合。做好规划和设施配套，支持以集体用地开展旧村、园区、环境等整治和改造提升，进行模式创新，推进连片改造，引入现代服务业和新兴产业。

4. 探索设施农用地管理新模式

通过土地综合整治归并地块，完善农田基础设施。制定设施农业用地负面清单，简化设施农业项目用地备案管理。种植大棚、水产养殖大棚，按照耕地和养殖水面管理。服务于农业生产和农村水安全的在册水利工程，属于安全达标、原址重建、改建的，无须办理用地手续，服务于农村且建成后恢复农用地的分散式农村生活污水治理设施按农用地管理，在不占用永久基本农田前提下，宽度小于 8 米的农村道路用地按农用地管理，进一步完善设施农用地信息备案制度，建立健全信息共享制度。

5. 完善农村产权保护交易制度

完善农村承包地"三权分置"制度，在依法保护集体所有权和农户承包权前提下，进一步放活土地经营权，允许土地经营权入股从事农业生产和经营。全面规范农村集体资产清产核资，健全农村集体资产定期清查以及登记、管理、使用、处置等制度，完善农村集体产权流转管理服务平台。明晰农村集体资产股份权能，探索农村集体经济组织成员对所持有集体资产股份占有、收益、有偿退出及抵押、担保、继承权等更多有效实现形式。将集体资产所有权确权到不同层级的集体经济组织。鼓励以土地股份合作、混合经营等方式壮大村级集体经济，支持农村集体经济组织成员盘活利用闲置宅基地和闲置房屋，有效利用农村分散存量建设用地。

（三）拓宽广州农村投资渠道

1. 完善农村金融服务体系

持续实施农村普惠金融，建立健全面向农民、农业生产、农业企业"敢贷、愿贷、能贷"的长效机制，探索"一次授信、多次发放"的再贷款方式。鼓励金融机构建立"三农"金融服务专门机制，支持金融机构扩大农村服务网点覆盖面，推动村镇银行稳健发展。探索依托供销合作社开展合作金融试点，引导优质农业企业设立资金互助合作社和涉农小额贷款公司，依托农业龙头企业发展供应链金融。支持金融机构开发"民宿贷"等顺应乡村振兴发展要求的新产品，积极推动生态公益林补偿收益权质押贷款。开展政策性小额贷款保证保险试点，支持广州市绿色金融改革创新试验区先行先试开展农村保险互助合作社试点。推动涉农企业到境内外证券交易所发行股票上市或到"新三板""科创板"挂牌融资。

2. 创新农村金融产品

引导银行机构针对农村经济社会发展特点和需求，开发个性化、创新性金融产品和涉农信贷品种。加快探索开展农村集体经营性建设用地使用权、农民房屋财产权、集体林权抵押融资，以及承包地经营权、集体资产股权等担保融资。鼓励金融机构开发支持民宿旅游、林业经济、渔业生产等金融产品和服务，积极开展无抵押信用贷款模式和各类权利质押、动产质押等担保方式，扩大贷款抵质押担保物范围，满足农户和农业企业多样化资金需求。探索开展农村土地承包经营权、林权、碳汇资源流转交易，扩大农村产权交易、碳排放权交易规模。推动政策性农业保险模式创新、品种创新。

3. 推动社会资本下乡

优化农村营商环境，吸引社会资本参与乡村振兴。鼓励社会资本投入乡村振兴，对企业投资建设的公益性基础设施或社会事业项目包括学校、医疗卫生机构、道路、桥梁、村庄小公园等永久性建筑，允许以企业或企业家个人建碑、入村志；法律、行政法规有规定的，可依法依程序允许以企业或企业家个人冠名。通过政府购买服务等方式，支持社会力量进入农村生活性服务业。探索在政府引导下工商资本与村集体合作共赢模式。对政府主导、财政支持的农村公益性项目，鼓励社会参与建设、管护和运营。制定引导工商资本参与乡村振兴政策，完善"千企帮千村"机制。拓展中瑞从化低碳项目经验做法，着力利用外资开展现代农业、产业融合、生态修复、人居环境整治和农村基础设施等建设。

（四）建立城市人才入乡机制

1. 深入推进返乡人员创业服务

继续贯彻落实各项返乡下乡创业扶持政策，进一步加大对高校毕业生等返乡创业人员的扶持力度。配合相关部门为做好专业技术人员返乡提供基层服务。选派科技人员以科技特派员的身份为涉农企业、农民专业合作社提供科技服务，形成农村科技特派员在涉农区全覆盖。一方面，将涉农技术纳入广州市科技攻关计划重点支持领域，通过民生专项、平台建设、科普等项目支持，将新技术、新品种、新工艺推广到涉农企业、农民专业合作社；另一方面，围绕广州生物种业、都市菜园、特色农产品营养与食品安全、人畜共患病监控、设施果菜生产、现代农业科技创新、科技培训，开展共性关键技术研究与示范，培育一批新品种，攻克一批关键技术，建设农业科研及科技服务平台。

2. 吸引优秀青年农民回乡创业

出台相关政策，设立专项扶持资金，提供创业平台，鼓励更多青年人才扎根农村，助力乡村经济发展，做好"选调生驻村""三支一扶"等工作，招录一批乡镇公务员，优化农村基层干部队伍结构，让青年优秀人才走上推动农村治理、经济发展的重要岗位。培养一批乡村本土人才，组织乡村干部队伍外出参观学习先进乡村建设经验，强化乡村振兴人才支撑。积极参与选调生录用考试，科学设置招录职位，进一步向基层倾斜，加大宣传力度，吸引更多优秀大学毕业生报考广州市选调生。坚持基层培养锻炼方向，推进选调生驻村锻炼工作，所有新招录的选调生均有计划地安排到广州市农村、社区一线锻炼两年，使选调生真正了解基层、热爱基层、融入基层、服务基层。选调生本人自愿留在基层的，经所在部门同意，可留在基层任职，为乡村振兴提供后备干部力量。

3. 培养农村专业人才

加强农村教师、医生、社工及养老护理员等专业人才队伍建设，在收入和福利激励政策等方面进一步落实向农村倾斜的工作措施。拓展农村专业服务人员职业发展空间。实施城市教育、卫生、科技、文化等团队下乡行动，引导城镇教师、医生、农业科研人员、文艺工作者、农村规划设计建设人员等定期服务农村。落实城市公立医院医务人员职称晋升高级职称前到镇卫生院或社区卫生服务中心工作制度，作为职称评审的必备条件。支持高等院校、科研院所等专业技术人员到农民专业合作社、家庭农场及农业企业挂职、兼职和离岗创新创业。

4. 大力实施"粤菜师傅"工程

落实"粤菜师傅"实施方案，统筹发挥广州地区教育培训资源，支持广州中等职业学校、技工学校以及社会培训机构、企业培训中心等采取职业培训、学制教育等多种形式开展"粤菜师傅"培训培养。建立健全"粤菜师傅"相关职业资格评价、职业技能等级认定、专项职业能力考核等多层次评价体系，开展"粤菜师傅"职业技能竞赛，推进"粤菜师傅"培训基地、"粤菜师傅"培训室等平台建设。实施"粤菜师傅"就业创业行动，落实创业资助、创业带动就业补贴、创业担保贷款及贴息等创业扶持政策。发挥"粤菜师傅"工程带动作用，推动各区充分利用资源培育特色产业，打造乡村粤菜美食旅游点、美食精品线路，带动农民长久致富。

二 推动乡村经济多元发展

（一）建立城乡产业协同发展平台

建设城乡协同发展先行区，着力打通制约城乡要素跨界配置的若干瓶颈。开展北部地区特色小镇建设成效评估，实行典型引路与规范纠偏两手抓，研究出台广州市精品特色小镇建设工作方案，强化产业兴镇、特色兴镇，突出生产、生活、生态"三生"融合，着力打造宜业、宜居、宜游优质生活圈，推动特色小镇高质量、可持续发展。依托特色小镇、各类产业园区、重大交通站点等物质空间，加强规划、项目谋划及相关扶持，会同相关区和市直部门，打造一批与广州城市能级相匹配的城乡融合典型项目，进一步扩大其示范带动效应。支持农业产业化龙头企业发展，鼓励发展农业龙头企业带动、农民合作社和家庭农场跟进、小农户参与的农业产业化联合体。支持发展产业关联度高、辐射带动力强、多种主体参与的融合模式，实现优势互补、风险共担、利益共享。优化农村产业发展环境，推动农村传统产业结构向现代农业、旅游业等新型产业形态转变，实现农村经济结构转型升级。

（二）建设广州现代农业枢纽中心

以建设广州现代农业枢纽中心、培育枢纽经济作为农业发展的重点：以枢纽引导统筹生产，扩大联结产地范围；以枢纽服务消费市场，拓展服务消费半径；以枢纽促进农产品加工发展，提升农产品价值；以枢纽延伸延长产业链条，推动一、二、三产业融合发展。优化农产品、农资集散体系，积极有序调整农产品批发市场、物流基地布局建设，抽疏主城区，在二环高速以外的乡村地区布局建设集散量大的农产品流转基地，着力加强村道建设和管护，完善农村公路体系，加强乡村物流站点建设，提升农资、农产品通达、物资集散便利程度。加快建设广州枢纽型农产品国际冷链物流园，形成农产品物流产业集群。围绕枢纽功能培育价值增值产业，发展壮大深加工、标准化配送包装及产品展贸、结算、定价、信息服务等增值产业。通过信息化、集成化改造与提升江南果蔬等一批批发市场，促进交易、结算、推广等"软环节"集中集聚，货物交割、流转等"硬环节"外移外延。

（三）打造现代农业产业园区

建设主导产业突出、现代要素集聚、设施装备先进、生产方式绿色、辐射带动有力的现代农业产业园。以优质蔬菜、岭南水果、花卉、水产、畜牧等特色优势产业为依托，建设一批规模化生产片区。深入挖掘农业的生产、生态和文化等功能，将农业生产与观光休闲农业、农资农产品电商等业态结合起来，把现代农业产业园打造成为一、二、三产业融合发展先导区和示范基地。提升现代农业产业园规划和建设水平，形成产业集群效应，发挥辐射带动作用，让现代农业产业园成为农业技术研发、产业转化的孵化器。以农业现代产业园为载体，推动农业经营体系、生产体系、产业体系转型升级，创新完善农业支持保护制度，率先在产业园实施城乡融合发展的体制机制和政策体系，建设乡村振兴的样板区。

（四）建设粤港澳大湾区"菜篮子"基地

1. 狠抓粤港澳大湾区"菜篮子"基地建设

全力推进广州市粤港澳大湾区"菜篮子"基地建设，逐步建设一批穗港澳共同认证的覆盖"菜篮子"主要产品的"示范基地"和"信誉农场"。支持"菜篮子"产品生产基地的生产、加工、环保、检测、设施栽培等农业设施设备建设，支持禽畜养殖和水产养殖规模化、标准化、设施化、生态化建设。鼓励农业龙头企业兴办产业化农产品生产基地，创建农业农村部蔬菜标准园、畜禽养殖标准化示范场、省级重点生猪养殖场、省级重点家禽场、省级水产良种场。

2. 创建"菜篮子"产品品牌

以粤港澳大湾区"菜篮子"需求为导向，以供港备案生产基地、绿色食品为基本品质要求，打造大湾区"菜篮子"高端品牌形象并注册品牌商标。深入推进"一村一品""一镇一业"专业村、专业镇建设，培育发展村镇品牌产业和产品，争取创建一批"土字号"特色品牌。围绕优质、绿色和功能性"菜篮子"产品，打造一批科技水平高、加工能力强的"菜篮子"加工品牌企业。

3. 建设粤港澳大湾区"菜篮子"总部经济集聚区

以建设粤港澳大湾区"菜篮子"为基础，建设广州粤港澳大湾区"菜篮子"总部经济集聚区，吸引国内外优质"菜篮子"总部企业集聚广州，以总部企业为核心，在大湾区及国内城市建设多个"菜篮子"生产基地。通过农业总部经济模式，发挥广州科教资源丰富的优势，面向大湾区、面向全国，向大湾区、国内城市输出服务与技术，科学指导生产基地和加工基地，形成总部与生产基地相互促进、共同发展的双赢格局。

（五）加快农村新产业新业态培育

1. 聚焦新产业、新业态

跨界配置农业和现代产业要素，促进产业深度交叉融合，实施定向精准扶持，着力提高产品附加值和竞争力，进一步提高乡村地区可持续发展能力和乡村居民生活品质。推进规模种植与林牧渔业融合，发展循环生态农业、林下种养等，推广综合种养、生态养殖。推进农业与加工流通业融合，发展中央厨房、直供专销、网上"菜篮子"和"互联网＋"农产品电商销售等新模式。推进农业与文化、旅游、教育、康养等产业融合，发展创意农业、功能农业等，推进农业与信息产业融合，相互赋能，相互加持。

2. 大力推动和发展智慧农业

依托广州特色农业，建设5G智慧农业实验区，构建基于5G的智慧农业互联网。一是智慧种植业。建设数字田园，推动智能感知、智能分析、智能控制技术与装备在大田种植和设施园艺上的集成应用，发展智能"车间农业"，推进种植业生产经营智能管理。二是智慧畜牧业。建设数字养殖牧场，推进养殖场（屠宰、饲料、兽药企业等）数据直联直报，构建"一场（企）一码、一畜（禽）一标"动态数据库，实现畜牧生产、流通、屠宰各环节信息互联互通，推动开展5G＋智慧生猪养殖数字农业示范园。三是智慧水产养殖。构建基于物联网的水产养殖生产和管理系统，推进水体环境实时监控、饵料精准投喂、病害监测预警、循环水装备控制、网箱自动升降控制、无人机巡航等数字技术装备普及应用，发展数字渔场。四是智慧种业。加快数字技术在制种基地、种畜禽场区、水产苗种场区、交易市场监管中的应用，提升种业智慧化监管水平。推进种业服务模式创新。五是建设智慧乡村治理体系。推动"互联网＋"由社区向农村延伸，提高村级综合服务信息化水平，逐步实现信息发布、民情收集、议事协商、公共服务等村级事务网上运行。

（六）推动一、二、三产业深度融合发展

1. 拓展产业融合发展方式

依托种养资源发展耕种采收农趣、托管托种、代耕代收、林下经济等体验农业。推广种养结合，支持禽畜农场、水产生态立体养殖，推进农林、农渔复合经营。发展烘干储藏、田头预冷等增值产业，利用高新技术提升农产品精深加工水平。推动农产品加工向功能性食品以及药品、保健品等领域拓展。推动专业化、社会化服务，发展综合服务业，着力发展以市场信息、农资配送、良种供给为重点的农业生产前端支撑性产业，及以物流、邮政、快递配送、品牌建设等为重点的后端引导性产业，推动农业与旅游、教育、文化、康养等产业深度融合。

2. 打造广州乡村旅游品牌

提升乡村旅游设施水平。围绕城乡融合、城乡一体的发展目标，以乡村公路建设为重点，提升乡村地区与周边城乡、省、市的通达度。把乡村规划编制与全市休闲观光农业、乡村旅游发展紧密衔接，深度结合，统筹安排乡村旅游。引导乡村旅游发展标准化建设，引导乡村景区化建设、集聚化发展、标准化管理、网络化营销，营造乡村旅居生活。串联历史和乡村文化脉络，挖掘具有广州特色历史文化内涵的精品旅游线路，整合乡村旅游资源，提升广州乡村旅游品牌影响力。规范乡村旅游产品和服务标准化建设，发展广州特色乡村民宿，引导民宿规范化、品牌化发展。发挥"食在广州"品牌优势，打造乡村美食旅游线路。加强乡村旅游市场监管，加快乡村旅游业信用体系建设。

3. 丰富乡村旅游文化内涵

适应市民快速增长的休闲旅游需求，充分挖掘农业生态价值、休闲价值和文化价值，提升乡村休闲服务能级。促进文物资源与乡村旅游融合发展，在保护的基础上，将文物古迹、传统村落、民族村寨、历史建筑、农业遗迹、灌溉工程遗产、农业文化遗产、非物质文化遗产等有效利用起来，融入乡村旅游产品开发。丰富乡村空间体验性消费场景，发展生态空间、亲子教育、文化体验、康养健身等体验性娱乐性消费需求的产业，建设一批休闲农业精品园区、农业公园、田园综合体、农业庄园，丰富乡村旅游线路，探索乡村旅游新业态。发展乡村旅游特色产品，推动具有岭南文化内涵传统手工艺品、农副土特产品的生产、设计和乡村旅游有机结合。

三 促进城乡基本公共服务普惠共享

（一）推动农村基础教育优质均衡发展

1. 多措并举推进农村义务教育优质均衡发展

在全市各区全部成功创建全国义务教育发展基本均衡区、广东省推进教育现代化先进区、农村义务教育均衡优质发展取得显著进步的基础上，进一步优化示范性高中布局，新建的广州市示范性普通高中重点考虑相对薄弱的外围农村地区。大力推进学区化办学。加大优质教育资源向外围城区辐射延伸力度，落实《广州市教育局关于进一步推进中心城区优质教育资源向外围城区辐射延伸工作方案》等文件精神，进一步加大力度推动市属和中心城区公办名校以新建校区、委托管理等方式到外围城区和农村地区办学，将城区优质学校的先进教育理念、管理经验和校园文化输出到从化、花都、黄埔、南沙等外围城区和农村地区。以努力办好人民满意的教育为宗旨，继续推进中小学校建设三年行动计划，持续增加学位供给，扩大优质教育资源覆盖面。探索与市属优质教育资源集团化办学相结合的教研扶持方式、农村义务教育学校"智慧课堂"新模式，同时全面优化区域内的师资配置，重点推动优秀教师资源向非中心城区的学校倾斜，缩小校际、区际、城乡之间的教育水平差距。

2. 巩固"教育强镇"创建成果

统筹城乡学校布局，将新建的示范性高中学校重点布局在农村地区，加大优质教育资源向外围城区辐射延伸力度，进一步推动公办名校以新建校区、委托管理等方式在农村办学。深入实施农村教师支持计划，实施城乡之间教师轮调交换，参照党政干部晋升要求，将在农村学校工作经历纳入学校工作人员晋升、职称评定的考核条件。全面推进农村学校标准化建设，落实城乡学校校舍建设标准一致、财政生均补助标准一致、学生营养餐标准一致、师资力量和教学仪器设备配备一致。适当归并扩大农村小规模学校,推动寄宿制学校建设。加大农村学前教育支持力度,每个镇办好1所以上公办中心幼儿园,常住人口4000人以上的行政村设立规范化普惠性幼儿园,常住人口不足4000人的行政村设立分园或联合办园。提升农村地区特殊教育水平,确保农村地区每一个适龄特殊少年儿童都能接受平等且有质量的义务教育。加强农村职业学校及涉农专业建设,鼓励职业院校涉农专业与农业企业开展产、学、研相结合的深度校企合作模式。积极发展"互联网+教育",推进农村学校信息化基础设施建设。

(二)加快广州健康农村建设

1. 合理布局医疗卫生设施

进一步优化全市医疗卫生资源配置,积极引导中心城区优质医疗资源向外围城区、新城区辐射延伸,规划形成"一主一副五分网格化"医疗卫生设施空间布局结构。推进紧密型镇村卫生服务一体化管理,推广"花都模式",大力推进紧密型医联体建设,加大医疗帮扶力度,落实医务人员晋升高级职称前到基层服务经历制度,加大政府办医责任落实情况督导检查。落实中心城区与农村镇卫生院结对帮扶,力争通过对口帮扶,以建立技术团队形式,进行一对一技术帮带和交流,指导镇卫生院基础建设,帮助镇卫生院完善工作制度和技术操作规程,规范和改进管理,提高服务能力,提高常见病、多发病的诊治水平,争取受援的中心镇卫生院达到二级甲等医院的医疗水平,并持续改进和提高。

2. 引导各区加快完成区域内医疗集团和医联体建设布局

总结花都区、从化区医联体建设经验,推广实施区域内签约服务参保人群医保费用"总额管理、结余留用"的结算方式。疾控机构继续加强对镇卫生院的技术指导和培训，进一步提高镇卫生院疾控水平。积极构建职业健康三级监管体系，建立职业病防治工作联席会议制度，强化职业病危害源头管控，加强重点职业病专项监测，创新用人单位职业健康帮扶，推进职业卫生和放射卫生监管信息化建设，开展宣传教育工作，探索建设职业健康体验馆，加快推进各区"一站式"婚育服务中心建设，进一步加强优生优育健康教育。

3. 实施健康农村示范村创建活动

优化医疗卫生设施布局，加快农村基本公共卫生服务项目建设，推动镇卫生院和行政村卫生站标准化与"镇村一体化"医疗卫生服务体系建设，加快常住人口 10 万人以上的特大镇布局建设三级医院。健全三级医院对口帮扶乡镇卫生院制度，鼓励二、三级公立医院与基层医疗卫生机构建立多形式的医联体。加快全民健康信息平台建设，发展远程医疗服务。挖掘农村资源，发展提升农村中医药事业。加强农村地区重大传染病防治，完善妇幼、老人、残疾人等重点人群健康服务，倡导优生优育和科学文明健康的生活方式。大力提高农村医生待遇，加大农村医疗卫生机构全科医生培养的工作力度，建立选派镇、村卫生技术人员到上级医疗卫生机构进修机制，探索将卫生技术人员到农村医疗机构工作经历作为职称晋升的考评要件。

（三）建立公共文化服务体系

按照"协调发展、统筹规划、多规融合、市区联动，远近结合、适度超前"的原则，对接城乡规划和经济社会发展规划，梳理全市公共文化设施现状，制定广州市公共文化设施的发展目标、总体布局、分级布局、分类布局，以及对各区文化设施布局进行指引，推动全市文化服务保障更充分、更平衡，文化特色优势更鲜明、更突出。未来广州公共文化设施的建设需要重点从建成现代公共文化服务体系、提升设施空间品质、打造文化特色品牌三个方面进行强化，实现城乡居民文化需求保障更充分、更平衡、更优质，实现环境品质与文化形象全面提升，实现文化传承发展与综合品牌彰显出新出彩。完善非遗名录体系，结合当地非遗项目开展相应的文化活动。发动、组织农村非遗项目参与到全市非遗活动中，加大对镇级图书馆、文化馆等分馆建设力度，力争"十四五"时期完成对全市35个镇的分馆升级改造工作，实现100%覆盖率和100%达标率。坚持从标准化、均等化、数字化、社会化等方面提升现代公共文化服务质量和效能，进一步明确主体责任，着力督导解决镇、村基层公共文化服务管理中存在的薄弱环节。

（四）加强农村社会保障体系建设

1. 完善城乡居民基本医疗保险制度和大病保险制度

合理确定财政补助和个人缴费比例，完善医疗救助与基本医疗保险、大病保险等相关保障制度，扎实做好农民重特大疾病救助工作。实施城乡居民基本养老保险基础养老金正常调整机制，稳步提高城乡居民基本养老金水平。完善城乡低保制度，建立低保标准动态调整机制。强化农村社保经办服务能力建设，将社保经办服务网络向农村延伸，加快实现行政村全覆盖。统筹城乡救助体系，加快实现医疗救助全城通办，完善广州市社会救助综合信息服务平台（特困人员子系统）建设，加大对城乡低保对象、特困人员、因病因灾致贫返贫，特别是一户多残、老残一体等困难群体的救助力度。完善临时救助制度，深化紧急型和支出型临时救助机制，做好按不低于最低缴费标准为低保对象、建档立卡的贫困人员等参加基本养老保险代缴部分或全部养老保险费工作。建立健全农村留守儿童关爱保护和困境儿童保障服务体系。

2. 加大力度推进农民就业创业

深入贯彻落实国家、省、市关于促进异地务工人员就业创业、精准扶贫和推进城镇化的部署要求，进一步加强异地务工人员服务工作，建立更加完善的就业、社保和人才公共服务体系，形成"就业有岗位、职工有社保、人才有发展，就业质量不断提高"的人力资源社会保障公共服务体系。继续推进省劳动力职业技能晋升培训补贴政策，推行乡村振兴和"粤菜师傅"工程，加大新生代农民工培训工作力度。从市财政援助资金中安排部分资金用于扶持对口帮扶地区贫困劳动力在广州市稳定就业，力促对口帮扶地区建档立卡贫困劳动力来穗稳定就业。继续完善市级指导，区（县级市）、街（镇）服务的三级管理服务体系，强化全市通办，优化全流程网办服务，做好异地务工人员就业失业登记服务。进一步完善公共就业创业服务制度，提高公共就业创业服务水平。

3. 稳步推进发展农村养老事业

编制城乡养老事业发展规划，加快谋划养老模式、设施、支持措施等重大工作。将乡村养老服务设施列入农村建设规划和国土空间规划，鼓励村集体建设用地优先用于建设具有综合服务功能、医养相结合的养老机构。推进城企联动普惠养老服务，动员各方力量参与发展养老事业。全面实行养老机构备案制，支持市、区、镇公办养老机构或实力较强的民办养老机构到农村地区设立养老院分院或服务点，扩大敬老院公建民营改革试点。充分利用农村闲置的校舍、厂房、集体用房、农户住宅等建设或改造成为养老服务中心、老人活动中心。拓展农村居家养老服务供给，统筹推进老年人"大配餐"、医养结合、家政服务"3+X"创新试点等向农村社区延伸，加快农村地区重度残疾人配餐、医疗、护理、心理等服务实现镇（街）、村

(居）全覆盖。创新多元化照料服务模式，推动居家、社区、机构等养老模式衔接发展。加强农村养老人才队伍建设，完善养老护理员业务培训和就业支持政策，吸引农村劳动力投身养老服务行业。

4. 落实农民工与城镇职工平等就业制度

做好异地务工人员就业失业登记，进一步完善异地务工人员数据分析功能，优化网上办理就业登记服务手段，配合指导广州市各级就业服务机构向社会推广网办就业政策。全面实施覆盖全体城乡劳动者的劳动力技能晋升培训均等化补贴制度，为异地务工人员提供创业培训服务，提升异地务工人员创业能力，异地务工人员待遇享受与本市户籍人员无差别化参加社会保险。落实异地务工人员劳动权益保障。推行建筑用工实名制管理，对工人工资专用账户进行实时监控，规范和强化监管广州市建设领域支付行为，加大查处力度，落实劳动保障执法维权举措。

四　加快农村基础设施规划与布局建设

（一）加强农村基础设施建设

1. 完善农村交通基础设施

统筹城市与农村基础设施规划、建设和管理，逐步实现城乡市政基础设施共建共管。深化连通农村地区发展的主干道布局研究，推进轨道交通、高等级道路向农村地区延伸成为更加畅达的综合交通网络。加快实施新一轮农村公路建设方案。研究农村公路建设提升计划，健全建设质量和管护体制，把"四好农村路"建设推向新的水平。实施农村公路通达、安防提升工程，推进"平安村口"便捷管理建设。规范农村公路养护资金筹集与管理，汇集农村交通车、道路等基础信息动态，推动实现农村道路交通管理的考核评价。农村交通设施更加畅通，农村道路规划、建设和管理制度更加完善，农村公路与城市道路互联互通水平进一步提升。

2. 加大基础设施向农村倾斜力度

进一步明确市区负责制，加快消除城乡差别、工农差别，坚持农业农村优先发展。按照分级分类原则，落实属地政府责任，切实把农村地区摆在优先发展位置，加大政府财政投入力度，财政要全额保障乡村道路、水利、渡口、公交和邮政等公益性强和经济性差的设施建设项目资金需求，制定好统一的建设标准（标准可适度超前），引导好准公益性、经营性设施建设，着力解决不平衡、不充分问题。结合粤港澳大湾区建设、乡村振兴、区域协调发展等战略，利用特色小镇和轨道交通等交通站点建设，以及村级工业园升级等契机，加大改革创新力度，进一步推动城乡融合、站城融合、农村一二三产业融合。

（二）加强农村公路建设，完善农村客运网络

1. 组织开展广州市新一轮农村公路建设

紧贴广州农村经济社会发展和服务广大农民安全便捷出行需求，坚持因地制宜，组织开展新一轮农村公路建设、改造和路网提升工作，到2020年底，全市新建农村公路约400千米，打通农村公路网中的断头路，实现农村公路网的有效连通，改造现有农村公路约250千米，适当加宽断面，基本解决农村公路网的交通阻塞黑点，提升农村公路网通行能力。

2. 探索具备条件的农村公路按照城市道路标准管理养护

结合城市化发展程度和相关区的经济条件，对白云区、黄埔区、南沙区已纳入中心城区范围内和已按城市道路标准改造建设的农村公路，可考虑在充分协商、厘清权属和责任界面的基础上，按照相关程序，探索按照城市道路标准管理养护，提

高管理养护标准和服务水平。

3. 进一步完善农村客运网络，提升农村客运服务质量与水平

结合白云区、黄埔区等农村公路网络完善和出行需求情况，动态优化公交线路，进一步完善微循环公交网络布局，方便居民出行，完善农村客运硬件设备设施，进一步加强农村客运候车站（亭）运、管、养与升级改造工作，农村客运候车站（亭）与新建农村公路项目同步设计、同步建设、同步交付使用。花都区、增城区等北部山区或边远地区，在"村村通客车"线路中逐步投入新能源或清洁能源的中小型客车，更加贴近农村实际需求。进一步提升从化北部山区或边远地区居民出行需求，逐年提高农村公交微循环覆盖率，鼓励试行特色小镇旅游专线巴士，借助移动网络等信息化方式，不断提升电话、网络约车和定制约车在农村客运中的比重。

（三）加强农村电网及功能能力建设

结合乡村电网专项规划，围绕加快解决乡村配电网现在存在的供电能力不足、台区重过载、配变低压线路供电半径长、电压质量差等重点问题，系统梳理全市乡村电网现状，明确改造实施计划，满足乡村负荷逐年增长需求，提高乡村用电可靠性。开展乡村电网中低压线路排查，及时更换残旧线路，对安全距离不足的中压线路落实安全措施，对残旧低压线路进行整改和更换，对存在安全风险的低压线路落实安全措施。开展乡村电网配电变压器及低压配套设施排查，对存在安全隐患的设备进行改造、更换，结合实际用电情况配置调容调压、高过载等配电变压器，以满足居民用电需求。全面落实乡村"三线"整治工作要求，坚持"规整为主、下地为辅"的原则，确保安全、美观。对于存在下地需求的情况，在市政府的指导下，探

索采用基于OPLC的"四网融合"模式进行"三线"整治。全力支持镇村企业发展,提升供电服务水平,对于用户用电报装,实行"先接入后改造",缩短用户接电时间,减少小微企业接电成本。

(四) 提高农村水务建设与管理水平

一是加快提升农村地区供水用水质量。推进广州市北部地区自来水供应工程,有序更新替换残旧输水管道,提升农村供水保障能力,实现全市自然村集中供水全覆盖。二是加大农村水利基础设施建设,大力推进灌区水库水利工程建设,补齐农村水利工程短板,农田灌溉水有效利用系数符合国家及广东省下达的标准。三是大力推行农村"雨污分流"和生态治污。力争全市农村生活污水收集处理行政村全覆盖。农村生活污水处理率达到75%以上,自然村基本实现雨污分流,污水排放管道收集或暗渠化。四是开展河湖水系连通和农村河塘清淤整治。全面落实河长制、湖长制,落实区、镇街、村居三级河(湖)长,建立健全河(湖)长巡查制度,做到每条河(湖)有人巡、有人管、有人督。加大中小河流和乡村水体生态治理,保护好村域水面、水质,实现河道清洁,水体流畅,水质达到功能区划标准。全面推进水环境综合治理向小微水体(鱼塘、风水塘、边沟边渠等小微水体)延伸,建立完善长效管护机制,实现小微水体污水无直排、水面无垃圾、水质无黑臭,基本消除村庄黑臭水体。

加快补齐农村水利基础设施建设短板。全面完成中小河流治理(二期)任务,以硬措施实施珠江堤防、水库达标加固工程建设,实施农田水利工程建设方案。推动重大水利工程的科学论证与落地实施,加快牛路水库、沙迳水库、南大水库等项目建设,加快完成9宗中型水库和大坳拦河坝等2宗拦河坝达标加固工程。继续推进万顷沙围、石滩大围等海堤和江堤达标加固工程建设。实施雨洪调蓄湖（池）建设，强化江河堤围、水库、生态调蓄湖（池）等防洪滞蓄工程的联合调度。推进完成改善灌溉面积10万亩，确保农田灌溉水有效利用系数符合国家标准。提升改造农村供水设施，实施市政供水管网延伸工程，分期分批加快对从化等重点农村地区供水设施升级改造，推进城乡供水一体化，提升农村供水设施管养水平。

五　不断拓宽农民收入持续增收渠道

（一）全力促进农民就业

完善城乡一体的均等化、专业化、智能化公共就业服务平台，推动就业服务网点进入乡村，推广"互联网+就业创业服务"，提升全方位公共就业服务。通过政府购买服务方式，引导社会优质服务机构为农村劳动力转移就业提供就业介绍、职业培训等服务，拓宽农民外出就业渠道，促进农村劳动力有序外出就业，就近转移就业。实施农村就业促进行动，对用工单位招收本地农村劳动力实施激励措施，发展壮大镇域经济，促进农民就业。实施符合乡村实际的便利措施，培育一批家庭工场、手工作坊、农村车间，扩大就业吸纳能力。推进产学研合作，支持农业科技人员、高校毕业生等各类人才在农村创业创新，带动就业。规划建设农村劳动力转移就业示范基地、农村众创空间，推动农村大众创业、万众创新。

（二）多渠道提高农民收入

优化升级农村产业结构，大力推进农村一、二、三产业融合发展，创造新的就业岗位，提高农民工资性收入。促进土地适度规模经营与农户分散经营相得益彰，提升村级产业园发展水平，通过保底分红、利润返还等多种形式，让农民合理分享全产业链增值收益，有效提升农民经营性收入。健全覆盖市、区、镇（街）、村（联社）、村民小组（经济社）五级的农村集体资产交易管理服务平台，进一步扩大农村集体资产交易，加快推进农村集体经营性资产股份合作制改革，积极发展土地、农宅、资金、资产等多种形式股份合作，扩大农民财产性收入。在流溪河流域探索创新生态保护补偿制度试点，加大重点生态功能区补偿力度，增加农民转移性收入。

（三）发展乡村旅游带动农民增收

大力发展休闲农业和乡村旅游新业态，通过发展乡村旅游，带动和促进农民增收，提升乡村旅游基础设施和服务标准化水平，重点培育观光休闲农业示范点、星级"农家乐"、美丽乡村和旅游名镇名村，推进北部地区乡村旅游连片开发，在广州市打造一批星级"农家乐"、3A级以上乡村旅游景区和旅游文化特色村，推出若干条精品乡村旅游线路，推进乡村旅游特色化、品牌化、集聚化发展。鼓励支持现代农业园区、科研院所、农业企业、家庭农场加强农业与创意产业、旅游业的深度融合，扶持道路、停车场等基础设施以及环保设施建设，重点建设一批集农耕文化体验、田园风光、教育展示、文化传承于一体的观光休闲农业示范村、观光休闲农业示范园和特色农庄。探索建立乡村旅游发展与村集体、村民利益联结机制，让村集体和农民在发展乡村旅游中有更多的利益体现。

（四）完善农民收入增长保障体系

培育发展援助农民工平等就业的服务实体或机构，不断完善政府、工会、企业共同参与的协商协调机制，着力形成合理有序的工资收入分配格局。加强对农民工就业的分类精准帮扶，形成更有效、更公平的公共就业保障体系。加强人才激励、教育培训、资金奖补、金融支持、社会保险等就业扶持政策的衔接与协同，将市级就业补贴范围扩大至花都、番禺、从化、增城等区，将在城镇常住的本地户籍农民纳入失业登记和帮扶范围。完善非农就业农民、失地农民、大龄农民及农村困难群体就业扶持政策。完善创业促就业补贴办法、创业担保贷款管理办法和创新创业（孵化）基地管理办法，将返乡创业农民工纳入创业补贴范围。

（五）保障贫困村民基本生活

一是继续巩固市内扶贫成果。根据市委、市政府《巩固扶贫成果深入推进北部地区新农村建设实施方案》要求，广州市本级财政通过一般性转移支付方式安排到各相关区，由各区统筹用于支持北部地区农村产业融合发展、农村基础设施建设、农村人居环境整治、农村综合改革等各项工作，确保北部地区已脱贫人口不返贫，使其收入增长幅度不低于当地经济发展水平。二是保障贫困村民基本生活。构建更加主动全面的广州城乡社会救助体系，完善农村困难群众基本生活保障机制。健全社会救助、社会福利、社会互助、优抚安置体系，继续提高城乡居民基本养老保险基础养老金水平，完善统一的城乡居民基本医疗保险制度和大病保险制度。

第八章　广州城乡产业融合发展实施工程

产业融合发展是城乡融合发展的重要基础和重点内容。为促进和实现城乡融合发展目标，必须实施系列推动广州城乡融合发展的具体工程，加强规划、项目谋划及相关扶持，会同相关区和市直部门，采取有效措施，打造一批与广州现代都市农业相匹配的城乡产业融合典型项目。

建设主导产业突出、现代要素集聚、设施装备先进、生产方式绿色、辐射带动有力的现代农业产业园。以优质蔬菜、岭南水果、花卉、水产、畜牧等特色优势产业为依托，建设一批规模化生产片区。聚焦打造蔬菜、水产、花卉、禽畜、水果、民宿等产值超百亿产业，支持生产养殖基地、农产品加工厂、农业公园、农产品展贸中心和数字交易平台等项目优先发展。高标准创建15个左右省级现代农业产业园，支持农业产业化龙头企业发展，形成农业龙头企业带动、农民合作社和家庭农场跟随、小农户参与的农业产业化联合体。

深入挖掘农业生产、生态和文化等功能，将农业生产与观光休闲农业、农资农产品电商等业态结合起来，把现代农业产业园打造成为一、二、三产业融合发展先导区和示范基地。支持禽畜养殖和水产养殖规模化、标准化、设施化、生态化建设。鼓励农业龙头企业兴办产业化农产品生产基地，创建农业农村部蔬菜标准园、畜禽养殖标准化示范场、省级重点生猪养殖场、省级重点家禽场、省级水产良种场。

重点聚焦"米袋子"优化工程、"菜篮子"提升工程、禽畜养殖业拓展工程、水产养殖业发展工程、花卉产业提升工程、岭南水果种植培优工程、南粤工匠培训工程、民宿文旅休闲农业八项重大工程，通过工程项目实施，实现广州城乡产业深度融合。

一 守好"米袋子"

（一）推动广州优质粮食生产和科技进步

2019年，广州全年粮食作物播种面积26450公顷，比上年增长0.5%；全年粮食产量13.20万吨，增长1.5%；粮食作物种植主要集中在广州北部郊区，增城区是"中国丝苗米之乡"，增城地处珠江三角洲，历来是鱼米之乡，具有得天独厚的自然环境优势，所产丝苗米米粒细长苗条，晶莹如玉，米泛丝光、无腹白。有关资料显示，当前广州每天消耗约5000吨大米，全年约182.5万吨，因此，作为传统粮食产区的广州，目前的粮食自给率不足10%。广州的米袋子主要来自国内粮食产区和国外粮食进口，抓好米袋子的主要工作，是保证粮食供应充足。广州并没有放弃粮食生产和科技攻关，在传统粮食产品生产、良种培育方面进行了布局和推进。

（二）支持增城丝苗米产业园发展

增城丝苗米，素有"中国米中之王、米中碧玉"之美誉，有国家地理标志产品、地理标志证明商标。丝苗米产业的发展，对于保护丝苗米原产地产品品牌，提升丝苗米品牌的市场竞争力，提高农民种粮积极性，促进粮农增产增收，确保国家粮食安全，具有重要意义。中国粮食行业协会授予广州市增城区"中国丝苗米之乡"称号。此外，"挂绿牌""泰稷牌"丝苗米为广东省和广州市著名商标，"挂绿牌""泰稷牌""新穗牌"丝苗米为广东省名牌产品。为了把丝苗米产业发扬光大，增城出台了《增城区现代农业产业园建设实施方案》，明确区现代农业产业园建设的目标、条件、任务、模式、资金扶持等内容，高质量推进现代农业产业园创建工作，促进乡村产业振兴。立足增城丝苗米等优势特色产业，聚力建设高标准、规模化种养基地为依托，产业化龙头企业带动，现代生产要素集聚的现代农业集群，促进农业生产、加工、物流、研发、示范、服务相互融合和全产业链开发，创新农民利益共享机制，带动农民持续稳定增收，加快构建现代农业生产体系、经营体系、产业体系，打造高起点、高标准的现代农业发展先行区，为全区农业农村经济持续健康发展注入新动能，为服务粤港澳大湾区建设提供安全优质农产品。

二 优化"菜篮子"

（一）广州"菜篮子"基础厚实

广州"菜篮子"建设工程主要包括"菜篮子"生产基地体系、产品便利流通体系和严格的质量安全监管体系等。2019年，全市常住人口1530.59万人，对绿色优质农产品需求量大，提升绿色农产品及蔬菜品质，实现广州农业的转型升级显得尤其重要。广州已建成一批特色农业优势产业（如蔬菜、奶业等），实现从田间到超市全链条规范化产业体系，果蔬品质全面提升。2019年，广州大力推进3.2万亩农田、鱼塘基本建设，市财政安排1.3亿元资金，推进建设了8个农业综合平台，建立了15个国家级农业标准化示范区。省级"菜篮子"基地总数达26家

（其中新增14家），居全省前列。全市共建成农业农村部水产健康养殖示范场21个，农业农村部畜禽养殖标准化示范场14个，重点生猪养殖场12个，省重点家禽养殖场14个，市级以上农业标准示范区92个，促进水稻、蔬菜、水果、禽肉、水产等优势产业向优势区域相对集聚。蔬菜种植面积达到14595公顷，蔬菜产量368.79万吨，增长1.1%；蔬菜喷滴灌及大棚设施约4.3万亩，蔬菜自给率达到117%。

（二）广州"菜篮子"流通体系健全

1. "菜篮子"产品流通体系健全

广州现有35个"菜篮子"产品批发市场，包括8个水产品批发市场、7个果蔬类批发市场等，数量上远超周边城市，是大湾区"菜篮子"的集散地。批发市场总体供给充足，2017年批发市场总交易额262亿元，交易量882万吨，供需比达到1.79。2018年，广州市公布《广州市"菜篮子"产品批发市场布局专项规划（2017—2020）》，明确将"菜篮子"产品批发市场定位为广州国际商贸中心的重要组成部分，并构建"5+19"（即5个集中发展区、19个原地升级市场）的总体布局，推动"菜篮子"产品产销一体化、流通信息化发展，不断夯实广州作为区域核心城市的服务保障能力。

2. 冷链物流服务体系发达

广州批发市场集聚发展程度高，依托这种优势，大型第三方冷链物流企业迅速发展，主要品种冷链物流体系得到完善，以此推动肉类"无断链"、农产品冷链物流发展，覆盖包括生产、存储、运输及销售等整个环节的冷链。2017年统计数据显示，全市具有一定规模的冷链物流相关企业超过100家，规模5000吨以上冷库共有62座，冷藏车保有量超过1700辆，冷库总容量达100多万吨。很多企业已进驻冷链公共信息服务管理平台，接受产品在储存、运输和销售等过程的温湿度实时跟踪、监测、预警，为政府市场监控相关部门提供技术支持。

3. 信息化监管平台构筑完善

广州农业信息化建设一直走在全国前列。为更准确掌握"菜篮子"的实时动态，1995年，广州在全国率先成立"菜篮子"报价中心，建立菜价监测系统。截至2018年，广州销往市内各大流通市场并贴有农产品标识的产品已达到2554万份，已建成广州市农产品质量安全溯源管理平台与农产品质量安全溯源体系63个，实现了对农产品从生产到流向再到质量的信息可查询可追溯的管理新模式，真正建立起标识溯源应用和标识准出制度，奠定了大湾区"菜篮子"便利流通服务平台建设的坚实基础。

（三）"菜篮子"面临的发展短板

1. 生产基地建设面临土地瓶颈

大基地建设、大规模种植是大湾区"菜篮子"建设发展的大趋势。"菜篮子"种养大户或龙头企业要实施规模化种植，不仅要租赁到一定规模的土地，而且必须连片。随着广州城市规模不断拓展，城区周边大量农产品生产基地因城市扩建和工业开发被征用。目前，蔬菜种植基地较分散，大多偏小，无法发挥规模效益，土地集中流转率不高，这些因素都会对目前农产品生产基地建设任务落实有一定难度。因此，全市68个被纳入供港澳备案基地建设，用地能否顺利落实面临挑战。农业配套设施用地仍存在困难，虽然国家出台完善设施农用地管理制度，但由于具体申报流程周期长、手续烦琐，农业生产的配套设施（如田头冷库、蔬菜加工间、基本办公场所）建设用地指标难落实，在一定程度上制约了农业规模化、全链条发展。

2. 现有流通中心面临优化升级

《广州市"菜篮子"产品批发市场布局专项规划（2017—2020年）》指出，现有"菜篮子"批发市场主要分布在历史城区（3个）、中心城区（18个）、外围区（14个），容积率平均值为3.13、0.63、0.68，用地集约度低，土地利用效率不高。当前批发市场货运交通以及不断增加的人流、车流对城市交通尤其是中心城区产生较明显的影响。从市场规划合规性来看，完全符合"三规"批发市场16个，不符合规划情况的批发市场19个，市场疏解转移、关闭任务重。从合规市场的规范化、信息化程度来看，距离集检验检疫、通关、信息化、商贸于一体的综合功能区有较大差距。

3. 产品后端处理和加工水平亟须提高

目前，发达国家的蔬菜产品化处理和包装率几乎达到100%，精深加工率也多超过40%。发达国家经验表明，"菜篮子"产品特别是蔬菜采后的商品化处理，可让产品增值40%—60%，产品再经过精深加工更可增值2—3倍。而大湾区"菜篮子"农产品采后处理和加工技术成为大湾区"菜篮子"产业化发展的重要制约因素。

三 拓展禽畜养殖业

（一）受各种因素影响广州畜禽养殖波动剧烈

2019年以来，由于广州市禁养政策的持续推进，广州禁养区内的所有养殖场户关停，非禁养区内污染防治设施配备不达标的大部分场户被关闭。加上非洲猪瘟疫风险影响，部分养殖场补栏意愿不强，造成生猪养殖规模进一步缩减，生猪存出栏呈双降态势。2019年前三季度，广州市生猪出栏27.46万头，同比下降32.3%，猪肉产量3.13万吨，同比下降30.6%。生猪存栏16.7万头，下降51.1%，其中能繁殖的母猪存栏2万头，下降48.0%。2019年前三季度，广州市家禽生产存栏量和肉产量齐降，禽类养殖规模进一步缩小，家禽存栏1465.7万只，同比下降21.2%；受猪肉价格上涨影响，家禽出栏价格替代性上涨，带动家禽企业养殖积极性，全市家禽出栏5128.63万只，增长16.0%。禽肉产量5.67万吨，下降7.6%。禽蛋和牛奶产量分别下降4%和11.6%。部分地区养殖场养殖结构发生较大变化，由养殖占地大的鸡鸭鹅转向养殖占地较小、出肉率低、更符合健康饮食观念的鸽类等禽类养殖，导致广州市家禽出栏量和禽肉产量增长趋势相背离。

（二）快速恢复生猪养殖生产能力

随着广州市城市规模逐渐扩大，耕地面积逐年减少，畜禽养殖规模受环保影响不断缩减，广州市粮食自给供应不足，主要依靠从外地调入。另外，随着畜牧业禁限养政策和瘟疫疫情防控措施的持续推进，畜牧业养殖面临环保成本和疫情防控成本的双重压力，特别是生猪养殖目前暂无有效的快速恢复生产的措施，经营风险进一步提高。

广州"菜篮子"产品中畜禽类农产品的自给率偏低，对进口和周边省市的依赖程度较高。农业部门统计，按全市总量需求（2000万人）计算，2018年广州市粮食、猪肉、禽肉和奶类产品的自给率分别为6%、6%、54%和24%，蔬菜供应自给有余，自给率达101%（见表8-1）。

广州需要引导生猪产业健康发展，提升畜禽生产自给水平。一是科学划定禁养区、限养区和适养区，新增安排相应的养殖用地及配套设施用地，用于规划建设一批现代化健康生猪养殖场。二是加强示范创建和技术推广，开展畜禽养殖标准化示范创建，引导畜牧业养殖向规模经营、集约环保、有效供给的方

表8-1　　　　2018年广州市主要农产品产量的自给率

农产品类别	年需求量/万吨	年产量/万吨	自给率/%
粮食	220	13	6%
蔬菜	365	368.79	101%
猪肉	73	4.456	6%
禽肉	18.25	9.88	54%
奶	18.25	4.4	24%

向发展，着力提升规模化、标准化养殖水平。三是加大扶持力度。落实政策性生猪保险工作，设立生猪生产维持性补贴政策，通过政府贴息、银行业金融机构开发金融产品等方法，切实解决生猪生产融资难的问题。四是加强疫情尤其是禽流感、非洲猪瘟的监测和防控，完善疫病紧急处置补助救助机制，降低疫病对养殖业的影响。

四　发展水产养殖业

（一）广州水产品生产态势良好

广州市渔业生产结构持续优化，养殖发展提速增效，渔业品种进一步优化，适度扩大观赏鱼养殖，发展水田养殖沙虾等新型水产养殖产品，远洋渔船投产数量增加，全市水产品生产态势良好。2019年前三季度，广州市水产品总产量28.1万吨，同比增长3.1%。水产养殖产量24.28万吨，增长2.3%，养殖比重达86.4%。观赏鱼4344万尾，较上年增长1.4倍。虾蟹养殖产量1.60万吨，同比增长15.2%。

（二）建设花都区渔业产业园

花都区要立足区位优势和资源禀赋，全力创建现代渔业产业园，构建现代渔业"生产+加工+科技+品牌+营销"全产业链发展样板，探索大湾区乡村一二三产融合发展模式。现代渔业产业园将坚持"有边界、无围墙"的开门建园理念，产业园位于炭步镇、花山镇、花东镇的水产养殖区域，以现代渔业为主导产业，核心区高标准现代渔业水产养殖基地3373亩，辐射带动周边区域渔业水产养殖面积约3.8万亩。目前，花都区水域面积104.70平方公里，水资源丰富且适合淡水水生动物生长、繁殖，区渔业水产养殖总面积5088.5公顷，有水生动物近100种，是多种水生动物的"育幼所"。花都区渔业基础设施完善，水产养殖技术先进，是广州市重要的鲜活水产品养殖区域。水产养殖主要品种为罗非鱼、草鱼、叉尾鮰、鲇鱼及罗氏沼虾等，其中优质鱼类及特种养殖产量占总产量二分之一以上。观赏鱼养殖150多万尾，主要分布于炭步、赤坭、花山和花东镇，仍以池塘养殖或混养锦鲤、金鱼、血鹦鹉等品种。花都大中小型养殖场户众多，拥有明显的养殖基础优势，区内有健全的水产种苗供应、水产品加工等企业，多年来集聚了丰富的市场经验和技术优势。

五 提升花卉产业

2019年前三季度，广州花卉产值占农林牧渔业总产值的9.9%，占农业总产值的18.8%，花卉产值增长拉动农林牧渔业增加值增长0.86个百分点。在全市畜牧业下行，传统农业抗风险能力弱、实用耕地面积逐渐减少的情况下，花卉产业经济效益高，种植周期较短，占地面积小，成为广州市农业经济的新增长点。

（一）花卉产业发展基础与优势

广州花卉品种多，生产技术含量高，花卉类市场主体实力强。2020年，从化花卉产业园引进花卉生产企业超过50家，园区每年花卉生产、物流、休闲的总产值超过6亿元，示范带动周边农户10000个以上，促进农户增收20%。目前，该园正稳步推进国家级现代农业产业园创建工作，包括城郊街和吕田镇，园区总面积超过10000亩，辐射带动示范片30000亩以上。

（二）花卉产业发展存在的主要问题

1. 规模化、专业化、组织化发展程度不高

广州市花卉企业数量增长迅速，但以小农户种植为主，规模化、专业化、组织化发展程度不高，整体限制花卉生产技术水平、产品品质以及国际竞争力。

2. 要素瓶颈突出

一是农地逐年减少，花卉种植基地缺失，当地农户种植的积极性不高，村集体经济收入主要依赖物业出租，经营性农业收入低。花卉种植销售为主的龙头企业无法与种植户联动，对当地经济联社、农户的带动能力低。二是龙头企业用地难以保障。花卉种植销售企业皆租地经营，存在土地租赁期到期无法续租风险，存在续租难、租金贵的问题。三是基础设施运营维护不完善。农业生产基础设施滞后于都市农业发展要求，主要有道路交通不发达、电力线路负荷达不到生产要求等。

（三）广州花卉产业发展布局

科学规划花卉产业布局，完善花卉流通体系建设。积极发展线上线下交易。依托空港交通枢纽，积极鼓励和支持花卉零

售业利用春节期间的花市、传统花店、网上花店、大型连锁超市花档、农贸市场花档开展营销活动，出口海外花市，提升广州花卉产业竞争力。

六　培优岭南水果种植

（一）广州水果产业现状

广州的水果有 40 个科、77 个属、132 个种及变种、500 多个品种，其中引进国内外优良品种 33 个。著名品种有增城挂绿荔枝、黄登菠萝、罗岗甜橙、石硖龙眼、芳村花地甜阳桃等。近年培育了细核淮枝、八月熟荔枝、红江橙、大果龙眼、穗中红番木瓜、翠宝西瓜等品种。截至 2019 年三季度，广州市园林水果种植面积 94.26 万亩，同比增长 1.3%。2019 年前三季度，广州市园林水果产量 46.52 万吨，同比增长 0.1%。在美丽乡村建设和"一村一品"示范村的带动下，广州市特色岭南水果产量增长喜人，特别是从化区的三华李，南沙区的香大蕉、番石榴等品类水果，因受到乡村旅游带动，市场需求高，种植效益好，出现明显的增量补种现象。2019 年前三季度，香（大）蕉、李子、番石榴、青梅、桃子、其他杂果产量分别增长 37.4%、88.7%、51.1%、15.3%、6.9 倍和 19.2%。

（二）水果发展培优行动

1. 实施水果名牌战略

提升大型批发市场和产地农产品集散市场品质，完善配套设施，拓展服务功能。健全流通体系，拓宽销售渠道。加强市场信息分析和预测，引导生产经营者按照市场需求进行结构调整。积极培育一批龙头企业、中介组织和现代化农业示范区，并与农户挂钩，实现紧密型与松散型相结合，解决产品加工

2. 实施高产优质栽培技术

推进绿色生产技术、生态种植技术。实施修剪、疏花疏果、套袋和调节结果时间、负载量等方法，提高果品外观和内质，实行果品增值。推广应用生长调节剂，运用调控手段，提高控梢、促梢和催熟等作用，促进水果优质高产。

七　培训粤菜师傅

（一）广州粤菜师傅发展基础

设立从化区广州粤菜师傅工作室。工作室在广州从化民宿集聚区西和村成立。设立花都区粤菜师傅培训基地。花都区湖景鱼翅海鲜城成立花都区粤菜师傅培训基地，并得到花都区人力资源和社会保障局的大力支持。11月下旬，湖景海鲜城与花都区技工学校开展产教融合、企校双制、工学一体的学徒制教学，湖景海鲜城成为花都区首家"新型学徒制"备案通过的企业，打开了粤菜系统化、规范化培训传承的新篇章。培训通过理论结合实操，全方位加强粤菜师傅系统的综合能力。在不断培训、完善课程的同时，花都区还通过将视频、讲义刻录成碟片，印刷成册推广下乡。

（二）粤菜师傅培训行动

1. 拓展粤菜美食就业创业渠道

依托广州市乡村旅游资源，打造一批乡村粤菜美食旅游景点和乡村粤菜美食旅游精品线路，建立东南亚、欧美等国外餐饮就业创业渠道，促进粤菜师傅海外就业创业。

2. 创新"粤菜师傅+旅游"就业创业模式

结合发展"一村一品""一镇一业"，大力推广乡村本土特色菜式、特色宴，打造一系列美食名品、美食名厨、美食名店。

3. 打造"粤菜师傅"文化品牌

推广岭南饮食文化，搭建粤菜师傅交流平台，开展粤菜学术研讨、文化展示和巡回报告等活动，推动粤菜改革创新，弘扬岭南饮食文化。鼓励行业协会、企业等组织粤菜师傅到"一带一路"沿线国家和世界知名城市开展菜品推荐等开拓职业发展活动，提升海外国际影响力。

八 开拓乡村旅游业

（一）广州民宿旅游业发展基础

广州现有各类特色民宿700多家，北部从化、增城、花都等呈现集聚发展态势。从化民宿充分利用金黄稻田、碧绿河面、米埗小镇的"米社"小院，以独有的风光吸引了游客。从化在全省率先制定促进民宿业发展实施意见和民宿开办指引。广州的老城区，也有一些开在历史老建筑或是有故事的民居中的民宿，自带历史沉淀的气质，隐于广州的街头巷弄之间。近年来，住城里老洋房和乡村老宅改造的民宿，逐渐成了寻味老广州的首选，如开在东山区新河浦历史文化街区中别墅里的民宿。

（二）民宿发展行动举措

广州市要鼓励历史建筑变身民宿、咖啡馆等，出台资金补贴和奖励的相关措施，将发展乡村民宿作为实现农村产业兴旺的突破口和切入点。积极探索土地利用新路径，将乡村民宿旅游发展用地纳入全市国土空间规划编制试点。对乡村民宿旅游涉及的生态景观、栈道、农村道路等纳入农用地管理。

大力发展休闲农业和乡村旅游新业态。通过发展乡村旅游，带动和促进农民增收，提升乡村旅游基础设施和服务标准化水平，重点培育观光休闲农业示范点、星级"农家乐"、美丽乡村和旅游名镇名村，推进北部地区乡村旅游连片开发，在广州市打造一批星级"农家乐"、3A级以上乡村旅游景区和旅游文化特色村，推出若干条精品乡村旅游线路，推进乡村旅游特色化、品牌化、集聚化发展。鼓励支持现代农业园区、科研院所、农业企业、家庭农场加强农业与创意产业、旅游业的深度融合，扶持道路、停车场等基础设施以及环保设施建设，重点建设一批集农耕文化体验、田园风光、教育展示、文化传承于一体的观光休闲农业示范村、观光休闲农业示范园和特色农庄。探索建立乡村旅游发展与村集体、村民利益联结机制，让村集体和农民在发展乡村旅游中有更多的利益体现。

第九章　城乡融合发展的国内外经验借鉴与个案分析

一　城乡融合发展的国外经验借鉴

(一) 日本：完善公共服务，健全保障体系

二战结束之后，作为战败国的日本，其各行各业都处于重建状态。为了推动国内经济发展步伐，日本政府落实了出口导向型发展战略，以此来带动国内工业发展，致使大量农村人口急速流向城市。1970年左右，日本政府开始通过工业带动农业发展，陆续出台了众多引导农业发展政策，并建立了城乡协同、以工代农的发展模式。该模式取得了显著效果。

1. 完善农业公共服务体系

为推动农村经济发展步伐，日本政府开始优化本国公共服务体系，如完善农业科技服务、丰富农业技术设施建设服务等。1930年，日本政府出台农政补助金政策。这项政策的出现不仅缓解了农村公共设施建设资金匮乏问题，还优化了农村技术设施面貌，为农村的现代化发展打下一定基础。在农业科技服务体系日益完善的背景下，日本的农业科技水平也显著提升，既改善了农业发展的软环境，又提高了农业劳动生产率。农业金融服务体系的完善，不仅丰富了投资渠道，同时也为农业发展提供了资金方面的支持。

2. 不断提高农民教育水平

农业教育投入是农村经济高速发展的基础所在,而良好的农业教育既有助于农民素质的提升,也有助于提高农民收入,为农村现代化发展打下坚实基础。为了提升国内农民教育水平,日本政府建立了初、中、高三级农业教育机构。其中,初级农业教育针对的是小学和初中学生,中等农业教育针对的是农科的高中学生,高等农业教育针对的是农业大学学生。除此之外,目前如农业生产、农业技术等重要内容也开始融入日本的小学课本中。这样由浅入深、由低到高的农业教育体系,不仅为日本农业教育发展培养诸多专业人才,而且也为日本农村现代化发展打下一定基础。

3. 实施宽松的户籍制度

日本的户籍制度主要包含两项:一项是居住证,另一项是户籍。日本居民的户籍证明一般都是由出生地政府开具,但是居住证却并非如此,无论是城市还是农村都可实现"户随人走",只要对原地址进行注销,并登记到当前所在地即可。由于日本户籍制度的宽松与有效,日本居民的流动便捷性大幅提升,而且还有效打消了人们对城乡之间能否相互合理流动的各种困惑与顾虑。

4. 建立健全城乡统筹发展的法律保障体系

日本政府为了实现城乡统筹发展目标陆续出台了众多相关性法规。比如,日本政府为了实现村镇合并颁发了《町村合并法》,为扶持山区农村出台了《山区振兴法》,为了向农民提供贷款支持出台了《农业现代化资金筹措法》,为促进农村工商业发展出台了《关于促进地方中心小都市地区建设及产业业务设施重新布局的法律》,为了合理配置农产品的生产结构制定了《农业基本法》,为了保护城乡环境颁布了《防止农田污染法》《自然环境保护法》等法律。这些法律的制定为城乡的统筹协调发展提供了基础保障，有效构建了城乡统筹发展的法律保障体系。

（二）德国：立法保障全国均衡发展，保持中小城镇独特风格

德国面积为 357582 平方公里，共有 16 个州 13175 个市镇，是一个经济大国和制造业强国。早在 1955 年至 1960 年间，其城市化率便已超过 70%，进入后城市化时期。其后，德国出台了一系列法律法规完善产业基础设施，强化小城市、镇的产业配套与服务功能，确保国民在农村也能享受到与城市同等的生活条件、交通条件和就业机会，让"在小城市和镇工作、回乡村居住"的理想生活方式得以实现，进一步形成了独特的城乡均衡发展模式。

1. 立法保障全国均衡发展

德国非常重视全局性的协调均衡发展，在全国境内实行文化、经济等功能的分散。例如，将建设银行这个拥有 90 年历史的标志性建筑放置在施瓦本哈尔市下属的一个区——施瓦本哈尔县城；将宪法院和最高院放置在卡尔斯鲁厄市，这个只有 30 万人和 173 平方公里的城市中。为了实现全国均衡发展这一目标，德国陆续制定一系列法律，促进农村经济的发展。如 1953 年出台《土地整理法》，对乡村土地进行重新规划、调整，合并零星小块土地，使之连片成方，进一步改善农民生活和生态环境；1955 年，德国政府为了实现规模经营，达到土地资本盘活效果，颁发了《农业法》，这项法规的出现消除了土地买卖和租赁限制，其国内的一些小农场开始退出市场舞台，或被更大规模的农场合并；1957 年将农民养老纳入社会保障范围，出台《农民老年救济法》；1960 年，把"追求全德国区域的平衡发展和共同富裕"写入了《联邦建设法》。这些法律法规有效保障了

全国生活平等、各地区均衡发展局面的形成。

2. 保持中小城镇独特风格

19世纪初,德国被数百个诸侯国和骑士领地所划分,部分诸侯国拥有的文化传统和城镇风格流传至今。德国在现代城市建设中,力求保持城镇原有的文化传统与风格特色。为此,德国对古旧建筑、基础设施的更新改造,都是坚持修旧如旧原则,而不是简单粗暴地推倒重来,尽量完整保留各个城镇的历史遗产和各有千秋、特色鲜明的文化风格。德国的中小城镇星罗棋布、各有特色,城市规模不大,街道整洁干净。但城市主体布局基本类似,都是以主教堂为中心,市政厅为次中心,再辅以一个较大的城市广场,并由此处对外延伸,进而打造出一条或多条核心商业街。大城市中的连锁超市、品牌等都会入驻到这些商业街。在中小城镇生活的人们感觉其生活便利程度和大城市没有明显差距,还能充分享受中心城镇所特有的文化底蕴深厚、田园风光优美、生活成本适中等良好条件。

3. 构建城乡均等的社会保障体系

德国政府非常注重城乡居民享受同等生活品质和水准,换言之,农民与城市居民相比虽然在居住形态、工作条件等方面有所差异,但是所获价值却大致相同,也就是农村居民的生活质量并不会比城市居民低。德国是世界上首个以社会立法实施社会保障制度的国家,基本实现均等的社会保障,国内居民享有的社会保障基本相同,并无城市居民与农民之别,且农民可随时进城务工。如果农民根据政府规章制度缴纳税务,那么同样可称为城市居民,并享有城市居民的所有权利。正因如此,德国的城乡流动性非常高,目前基本上实现了城乡均衡化发展目标。

(三) 美国：支持农业发展，重视基础设施建设

20世纪20年代前，美国城市中心的发展速度明显快于城市的周边区域，工业化和城市化得以基本实现。其后，美国逐步开展以城市周边区域为重点的城乡一体化建设，城市周边地区发展速度得到显著提高，甚至个别区域的发展速度超过市中心，目前正朝着城乡经济相结合的方向不断进步。在数十年的发展中，美国已构建了一套独特的城乡一体化发展制度。美、中两国都是农村面积占比较大，农村发展情况有部分相似，相对中国城乡一体化发展而言，美国的发展经验借鉴意义重大。

1. 降低城乡收入差距

居民的收入水平与其生活质量、社会稳定性直接相关，过大的收入差距会导致居民生活质量、满意感下降，容易引发社会动荡。为了降低城乡收入差距，保持相对均衡，美国政府持续提升农业投入规模。从20世纪50年代开始，其农业投资一直高于增加值，呈现出逐年递增的发展趋势。美国政府每年的农业投入都超过农业税收。相关数据显示，1995—2002年间，美国政府投入的农业发展资金总计为1140亿美元，年均投入量在142.5亿美元左右。2009年，美国虽然爆发了次贷危机，但在农业投入方面却并未减少，当年的农业投入达到9856.7亿美元，平均每个农场获得的扶持资金均在1万美元之上。美国每隔5年左右就对《农业法案》进行回顾审视，以不同主题重新制定《农业法案》以支持农业发展。此外，从20世纪90年代开始，美国政府每年都为农业信息网络投入15亿美元建设经费，引导实施农产品市场信息咨询和处理服务，让国内农民通过网络即可对农产品流通全过程进行实时跟踪、管理，提高劳动生产率和收入水平。

2. 乡村医疗服务全覆盖

联邦政府为使乡村地区居民就医方便，提供特别资金建设并完善了一大批中小型医院，根据实际情况制定并实行乡村医生协助计划、乡村医学教育计划、少数族群乡村卫生人才输送计划等一系列基层医疗机构引才政策，吸引医疗人员到乡村地区从事医疗服务工作。引导基金组织进入农村，实现农村的基本医疗保障。除此之外，美国的联邦通信委员会（Federal Communication Commission，FCC）组织为各乡村医疗机构配备了宽带，并针对这些机构所在区域内的电信服务机构给予了400万美元的补贴。美国的医疗保障一直是通过商业医疗保险的方式进行运作，城乡居民享受的待遇基本相同。然而，对于农村地区居民，美国则建立了特别基金，通过特别基金让农民享受到相对低的保费。不仅如此，针对儿童、65周岁以上老人等群体，美国政府还推出了免医疗政策，确保全国所有农民都可享受到医疗服务。

3. 城乡人口自由流动

美国城乡之间的人口有着非常频繁的流动，带来不少社会问题。美国政府在1953年出台了《社会保障法》，历经数十年的发展与改进，基本将所有群体都纳入这项法规体系中，并最终构建出一个可覆盖全国人民的社会保障体系。在这项社会保障体系中，美国的城乡居民享受同等权利，既实现了城乡人口自由流动目的，又解决了地区分割下的交叉、空白问题。美国的城乡居民迁徙并无限制，居民身份只要合法，就可随意选择居住地，只需履行当地义务即可，其享受的福利待遇与当地居民相同。这样的举措不仅提升了城乡人口自由流动水平，还对流动居民权利予以保障。美国因为这项制度的出现而完成了两次人口大规模迁徙，并建立了合理的城乡布局，同时为美国的城乡一体化发展打下坚实基础。

4. 重视农业现代化、工业化和第三产业互动发展

在城乡一体化发展过程中，美国政府非常注重第三产业和农业的协同发展。相比于欧洲的一些国家，美国的城镇化发展虽然起步较晚，但是却拥有非常好的农业基础。不仅如此，美国政府还非常注重农业以外的行业创收，基本只有大农场的收入靠农业，其他中小农场收入都是靠非农业。有关数据显示，1999年美国农场家庭的收入基本都是来源于农业之外。随着农业现代化的不断深入，它不仅推动了农业工业化发展，而且缓解了城市化发展资金匮乏问题，推动了美国城镇化与工业化发展步伐。此外，在农业工业化发展背景下，农业的现代化发展又受到推动。美国棉纺织业的发展是最早的工业化现象，这也就代表美国工业化进程中的农产品加工业是非常重要的构成部分。在纺织工业的基础上，美国又开始迈入新兴工业领域，规划了众多鼓励城市工业涌入农村等优惠税收区域，进而为农村的现代化发展营造出良好环境。美国的工业化发展不仅带动了工业进度，还推动了国内农业发展，让美国构成一个既深入又广泛的农工互动体系，切实推动了国内城乡一体化发展，达成城镇化与农业发展协调进步的目标。

二 城乡融合发展的国内经验借鉴

(一) 上海：大力发展现代都市农业

上海作为中国主要的国际化大都市之一，有着独特的地理位置和经济体量，但一直以来都把农业放在重中之重的地位。为了在农业资源禀赋不足的"狭小空间"内求发展、创效益，上海以高效发展、生态和谐为引领，积极探索发展集"生产、生活、生态"功能于一体、满足生存与发展需要的都市现代农业，取得令人瞩目的成效。其都市现代农业已成为中国现代农

业中的一颗耀眼明珠。

1. 落实农业布局规划

近年来，上海编制了《上海市乡村振兴战略实施方案（2018—2022年）》《上海市休闲农业和乡村旅游布局规划（2018—2022年）》《上海市郊野乡村风貌规划设计和建设导则》《上海市推进农业高质量发展行动方案（2021—2025年）》等规划，进一步落实农业布局规划，加快推进乡村振兴"绿色田园"工程建设，做到规划既落图又落地。农业农村部门联手规划资源部门实现空间资源"一张图"管理，引领和促进都市现代农业高质量发展。

2. 完善农业保险补贴政策体系

上海市政府根据都市现代农业发展的需要，适时调整和完善农业保险补贴政策。2004—2019年间，享受政府财政补贴的险种从9个扩大到21个。自2018年起，市级财政创新"以奖代补"补贴方式，加大对地方特色保险产品的支持，创新了绿叶菜综合成本价格保险、茭白价格保险、生猪价格指数保险、水果气象指数保险等产品。参与阿里巴巴、京东的互联网平台农产品安全保险机制创新，形成线上线下多维度广覆盖的农产品保险保障机制。在给予农民直接补贴的背景下，上海政府又进一步加大补贴范围和补贴力度，进而逐步建立了完善的农业保险补贴政策体系，有效调动、增强了农民的种养积极性。

3. 强化农业科技支撑作用

上海围绕建设具有全球影响力的科创中心和实施乡村振兴重大战略，制定促进农业科技进步的地方性法规，加强农业科技创新合作，推进现代农业产业技术体系建设。围绕全产业链，深化协同创新，逐步建立水稻、绿叶蔬菜、中华绒螯蟹等10个现代农业产业技术体系，组建了食药用菌等6个长三角区域产业技术创新联盟。以生物技术为支撑，大力发展种源农业。以现代工业技术为依托,构筑装备农业新高地,研发适应高效设施农业发展的新机具。

4. 大力扶持家庭农场发展

一是加强政策引导。上海市政府通过制定《上海市促进家庭农场发展条例》《关于鼓励发展粮食生产家庭农场的意见》等维护家庭农场合法权益的政策,积极引导扶持适合现代都市的各类家庭农场发展。二是规范管理。规范流转土地、选定经营人员、确定适宜规模(如水稻经营规模一般为 100—150 亩)、规范组织生产、实施考核奖励。三是做好配套服务。农业管理部门做好规划布局;农技推广部门加强技能培训,实施农业生产资料的统一配送供应服务,推广水稻全程机械化生产,加强市场信息服务指导、订单生产或直接上门收购服务。四是加大资金扶持力度。家庭农场在享受原有各项补贴的基础上,区财政给予土地流转费补贴、增加农机补助等资金扶持。如今,上海市的家庭农场发展模式已成为推进农业适度规模经营的样本,其分配方式、经营主体等都含有现代农业的特性。

(二)北京:调整农业结构,促进产业融合

北京市作为中国首都,以发展别具一格的首都都市型现代农业为目标,有效解决诸如农产品市场需求扩大而生产空间在缩小、生态休闲需求增加而基础设施薄弱等矛盾,主要经验做法如下。

1. 调整农业存量结构

一是调整北京农业区域结构。按农业"生态、生活、生产、示范"四个功能发挥的权重进行农业区域功能结构布局。二是调整北京农业产业结构。基于水产、畜牧等产业充分利用种植业资源,致力于提升全市农业水平;在生产总量上,净菜上市量占比要力求超过 50%;畜牧业重点发展蛋奶产业;休闲垂钓、

观赏鱼养殖占渔业总产值80%以上。三是提升"菜篮子"生产基地建设水平。进一步推广绿色、优质、高效的蔬菜生产，创新设施农业现代化生产方式、信息技术装备配套，提升农业生产要素效率，建设一批具有北京特色、高档、高质、高效的设施农业基地。

2. 促进一、二、三产业融合

一是开展京郊美丽田园建设。加强农田基础能力建设与土地整治，改造提升农业生产附属设施，打造美丽田园。二是培育现代农业产业化集群，合理布局现代农业产业示范点、示范区和示范带建设，持续推动都市型现代农业发展，做精做优特色优势产业。三是推动新型农业经营主体引领的一、二、三产业融合，扶持农业产业化龙头企业、农民专业合作社和规模化种养基地发展。四是加强农产品市场流通体系建设，加强"农商互联"，注重农业与弱势群体消费结合。五是培育农业优质品牌，打造北京优质农产品品牌，建立品牌农产品的市场对接机制。

3. 创新现代农业产业技术支农模式

北京市构建了以农民为目标对象的新型科技应用发展模式。在组织结构方面，结合小农业和大都市的发展状况，丰富了农民田间学校工作站等级，希望既能实时掌握农业发展需求和解决面临的有关问题，又能在第一时间将先进科技成果落实到农业发展中。在工作运行方面，北京现代农业产业技术体系倾向于农业技术推广和应用研究，通过农民田间学校工作站来教导农民掌握更加先进的养殖、种植方法与方式，在有效落实先进农业技术的同时，进一步提升农业技术普及度。

（三）天津：打造新时代都市型农业升级版

近年来，天津对现代都市型农业发展的客观环境及发展规律,走出了一条彰显都市现代农业特色、成果丰硕的发展道路,形成了可借鉴、可复制的一些成果和经验。

1. 市场导向,农业产业体系再升级

第一,发展特色优质高端农产品。天津充分利用京津城区"一小时鲜活农产品物流圈"的地理位置优势,背靠世界级城市群最大的利好以及人们对高端农产品的需求,进一步加快向高端市场、高效益进军的步伐,推动减粮、增菜、增林果、增水产品行动,发展特色、高品质种养,增加和改造海淡水工厂化规模养殖。第二,不断实施产业业态创新。在农业多元化产业发展中,如观赏鱼、花卉等都是非常重要的资源,可依托"生态+""旅游+"等模式带动产业融合,并引导休闲农业产业发展,进而达到京津双城游客络绎不绝。第三,打造京津冀一小时鲜菜园。实现了农业区和"菜篮子"主要产品两个全覆盖,蔬菜通过冷链运输,24小时内就会出现在北京、天津的超市。"津农宝""蓟州农品"等都入驻到京东、淘宝等平台,各地居民只要通过网络即可购买天津特产。第四,实施农业品牌化战略。市政府颁发了《关于加快推进农产品品牌建设的实施方案》,其中明确了未来农业品牌化发展方向和具体措施。在全国知名农产品品牌名录中,天津的沙窝萝卜等产品品牌都被纳入其中。

2. 设施带动,农业生产体系再提档

发达国家的现代都市型农业设施化水平很高,日本、德国等均达到90%以上的现代化都市型农业设施化率,天津则紧抓设施化建设这个"牛鼻子",大力提升各类种植、养殖的设施化和工厂化水平。在天津蔬菜播种面积中,播种的设施蔬菜面积占比约为七成,水产工厂化养殖面积达到150万平方米,海水工厂化设施基本做到全封闭循环水养殖。在投入设施农业方面,基本实现了集体、企业、合作社相结合的投资模式。天津坚持

"农品变礼品、农田变美景、农舍变民宿"理念,进一步拓宽、延展农产品概念,升级农业生产体系,在天津现代都市型农业中,智慧、循环、安全已成为其新标签。

(四)重庆:大城市带大农村的产业振兴之路

重庆集大城市、大农村、大山区、大库区于一体,大城市、大农村特征明显。重庆在三产融合发展、调整农业结构等方面精研细耕,探索出一条大城市带大农村、极富重庆特色的现代农业振兴之路。

1. 深耕现代山地特色高效农业

一是重点实施农业"固本强基"、农业结构调整"十百千"两大工程。积极推进高标准农田建设和万亩级整乡整村农田宜机化整治示范区建设。二是持续建设"一村一品"示范村镇,培育农民专业合作社市级以上示范社,重点打造现代农业产业园,培育农业产业集群。三是加强农业产业技术体系创新团队建设,进一步推进"智慧农业·数字乡村"工程建设,提升农业全产业链水平。四是发展现代山地特色高效农业、农产品精深加工业、乡村休闲旅游业和农村电商服务业,推动农业"接二连三",实现农业产加销紧密衔接。

2. 建设"田园综合体"

推进国家级试点和市级试点"田园综合体"建设,统筹农村综合改革转移支付、农业发展、农业综合开发资金,采取先建后补、以奖代补等方式予以支持。例如:忠县"三峡橘乡田园综合体"试点项目规划总面积55.38平方公里。试点项目建成后,对推动农村一、二、三产业深度融合,优化"农业+旅游"产业结构,延展柑橘产业链,助力忠县特色小镇建设,助推精准扶贫,将起到积极示范作用。

3. 发展"互联网+农业"

重庆市政府与京东集团为拓宽品牌农产品网上销售渠道，签署《共同推进大数据智能化创新发展战略合作协议》，确立"10+10+N"模式。通过引导农产品品牌企业开店、开办线上重庆特产馆及京东自营等方式，拓宽销路、塑造品牌，推动特色农产品销售，有效促进"互联网+农业"发展。巴南区通过搭建电商平台，多类产品先后入驻京东商城巴南特色馆，美亨公社生产的接龙蜜柚通过互联网将产品远销湖南、北京、哈尔滨等地。巫山县积极拓展网上购销渠道，成为全国农村电子商务示范县，培育好背篓、云买乐等本土农产品电商主体，与京东、顺丰、邮政等合作搭建快捷便销体系，线上线下双向发力确保农产品"叫好又叫座"。

（五）杭州：加强全域土地综合整治，推动农业产业高质量发展

杭州市创建的现代农业为特色都市型，有利于农业产业高质量发展。

1. 创新农业产业用地政策

因地制宜为每个产业建立契合发展需要、科学合理的土地利用模式。高度重视农村新型产业包括农村电商、民宿、农村休闲、农村养老和体验农业等发展的用地需求。完善国有土地租赁期限。以"先租赁后出让"的理念为指引，对创新型产业用地实施弹性"6+1"的租赁期，有效、灵活利用产业用地。制订相应的规范方案对新兴产业企业应用农村资源发展文创产业、民宿产业等予以支持，进一步完善对现代生态农业作为主体产业的园区平台或产业地产的土地优惠政策，依托特色小镇建设推进新型产业发展。落实农业用地政策，破解要素瓶颈。严格落实省农业用地政策，每年安排用地指标用于发展农业生产经营。对种养殖面积在100亩以上的经营主体，按照种养殖面积的1.5%以内、最多不超过7亩的标准申报附属设施用地。

2. 加强全域土地综合整治

杭州市坚持"从大处着眼、小处着手，多算全局账、长远账"的理念，通过全面厘清政治账、土地平衡账、资金收益账、社会治理账、民生权益账"五本账"，科学把好目标关、时序关、规划关、质量关、规矩关"五个关"，统筹推进土地整治与优化空间、土地流转、村庄整治、生态修复、产业兴旺"五个+"，坚守农村土地集体所有性质不改变、耕地红线不突破、建设用地不增加、农民权利不受损四条底线和基本原则，在确保耕地数量不减少、建设用地不增加的基础上，将清洁田园、矿山复绿、治水剿劣等生态修复工作纳入全域整治范围，既算当前经济投入账，又算长远的综合效益账。从全域角度考虑资金平衡，优化空间布局。

3. 提升财政资金效能

实施耕地、林地集中流转财政补助政策，鼓励行政村集中流转本村范围内的耕地、林地，对通过村集体新增流转面积，根据流转期限，给予耕地最高500元/亩、林地最高200元/亩补助，每个村最高不超过30万元。对利用集体用房等存量房产新开办的民宿，补助比例由20%提高到55%。改变资金投入方向，重点扶持区级以上农业龙头企业、农民专业合作社、家庭农场等农业经营主体，培育"三产"融合园、规模型农业产业园、数字产业园等产业园区，新增"互联网+"农业经济、农创客培育等符合新经济导向的政策内容。这些措施的有效实施，使财政资金真正用在刀刃上，对农业产业振兴起到很大的促进作用。

(六)成都:以农民专业合作社为抓手,推动现代农业发展

成都市在组建农民专业合作社、实现小农户和现代农业发展有机衔接、推动现代农业发展方面,积累了丰富的经验。

1. 标准化、规模化生产,促进现代农业发展

农民创办合作社中,一般包括村干部、技术能手和农村养殖大户等,这些也是村组集体经济组织、农业企业领办合作社的重要组成部分。通过农民专业合作社联系处于各生产环节中的生产者,实现规模化、标准化经营后,还须整合各生产要素,从而使资源得到最优配置。例如:红阳猕猴桃种植专业合作社专门设立了农资配送门市,统一团购绿色、有机农用物资,每年向社员统一配送,统一防治病虫,既降低生产成本,又为猕猴桃的质量安全提供了物质保障。每年猕猴桃的销售季节,对猕猴桃进行统一分级包装。在此过程中,产品附加值与品质也会得到提升。

2. 科学化、规范化经营,延伸农业产业链条

进一步加强指导,以便得到规范化、科学化的农民专业合作社,促使农业产业链延伸到后端部门与前端部门。例如:高凤笋用竹种植农民专业合作社,带动农户种植雷竹,林下养殖禽、畜等,完善和延伸竹产业链,实现了生态田园化;"蜀西竹海"依托百万亩农林业资源打造了集观赏旅游、生态保护及竹产品开发为一体的现代田园旅游。

3. 坚持自主品牌建设,实现持续稳定经营

自主品牌的创立历来为各界重视,成都市指导各农民专业合作社综合考虑地理标志与产品特色创建自有商标,参加各类农产品展销会、展示会等,将品牌做大做强,为持续稳定经营奠定良好基础。如"石灵"牌鸡蛋是龙泉驿区十陵禽业合作社大力打造的农产品品牌,其年产品供应量高达2300万千克,在

成都地区各大超市、农贸市场均有销售，甚至远销至甘孜、阿坝、凉山州等少数民族地区，具有较高的市场知名度。

4. 完善利益联结机制，规范利益分配行为

根据目前不少合作社正处在初期发展阶段的实际情况，成都市可不断改进和优化当前信用担保制度和抵押贷款制度，合理调整原本的抵押担保范围，指导合作社认真研究利益分配机制，不搞"一刀切"。例如，根据出资方式，可将蔬菜产销专业合作社分为两种：一种为现金入股，另一种为土地入股。后者每年分工可达到每亩1200元，合作者经营情况对分工具有决定性影响，利益分配机制公开透明、规范合理。

三 对广州城乡融合发展的有益启示

（一）均衡的城市化和生产力布局有利于农村地区发展

德国通过实施科学合理的空间规划和区域政策，引导众多工业企业到不同的小城市、镇进行布局，探索出一条以小城市、镇为核心的城市化道路，为"在乡村生活、在城镇就业"的人口迁移模式的发展打下了良好基础，有效带动了乡村地区的发展。中国的城镇化率在1996年便已突破30%，进入城镇化快速发展阶段，但受户籍制度所限，城乡基本公共服务改革相对滞后，导致各类资源明显向大城市集中，"大中小城市和小城镇协调发展"的预期结果未能如期出现。特别是既往农民大幅度转移到东南沿海地区和大中城市就业的人口迁移模式，对乡村腹地的带动效果较差，难以实现城乡均衡发展。今后应进一步为小城市、县城和镇的基础设施投资、医疗和教育资源布局、土地指标分配等方面配套促进政策，使城镇空间布局与城乡基本公共服务能力相适应，努力将小城市、镇这一基础环节做活，为更好实现城乡融合发展提供有效支点。

(二) 不同阶段需要不同的发展策略

德国是工业化、城市化的先行者，其在城市化进程中的不同发展阶段所面临的乡村发展问题繁杂多样，影响城乡发展的内在逻辑也有明显不同。为此，德国及时对城市化进程中不同发展阶段的促进策略进行相应调整，确保实施的应对策略能满足阶段性发展需要。现阶段，中国面临乡村人口老弱化、产业滞后化以及"城进村衰"的困境，仍处在城镇化快速发展阶段，城乡均衡发展的促进策略要及时进行灵活调整。要坚持以人为核心，对乡村人口结构进行有效调整，让乡村能够留住和吸引一批年轻人、创业者，以增强乡村生机和活力。做好城乡融合发展规划，缩小城乡硬件设施差异。推进城乡"多规合一"，尽快实现"一张网"建设，提高农村公路、供水、电网等基础设施建设水平，全面改善农村人居环境。把基础设施建设重点放在农村，鼓励农民以市场化手段参与本地区或所在村集体基础设施建设。

(三) 稳步推进示范工程，深化"人钱地挂钩"机制

在农村改革试验区、现代农业示范区以及重点扶贫地区推进农村一二三产业融合发展试点与示范。科学合理地整合农业配套资金，进一步统筹调动各涉农主体的参与积极性。促进土地流转制度创新、农村信息互联互通，加强"一村（县）一业""一村一品"建设，发挥农业多功能性，打造"产业兴旺、生态宜居、乡风文明、治理有效、生活富裕"的农村建设样板工程。推进财政转移支付、财政补贴、建设用地规模和指标等与农业转移人口落户数量、常住人口数量相匹配，满足弹性落户政策带来的外来人口对教育、医疗、居住等公共服务资源配置的需求。健全农业转移人口市民化成本分担机制，探索建立

农业转移人口市民化成本核算体系，做好常住人口实时化、精准化的统计，实现"量化、精准、动态、可持续"的资源配置模式。合理确定国家和省、市、区政府成本分担比例，推动建立中央、省、市财政分摊人口市民化成本资金专项支持制度。

（四）加大农业人才教育培养力度

借鉴北京市建立面向农民田间学校工作站的新模式，通过城乡农事体验与交流、远程教育、田间培训等形式提升新务农人员的农业生产技能与管理经验。借鉴杭州市的农业人才招引经验，及时发布各地农业产业发展政策、土地租赁信息、农业就业扶持政策等信息，吸引人才参与农村建设。建立城市人才入乡激励机制，健全定向培养乡村科教文卫以及急需紧缺涉农专业人才制度，实施城市人才定期服务乡村计划，并作为职称评定、职务晋升、工资待遇等重要条件。落实城市人才入乡权益，对符合条件的企业家、专家学者和专业人才等"新乡贤"，经村民会议表决同意后，合理享有村民权益。探索在乡村创业就业的居住证持有人依法享有居住地村民部分权益的制度。对现有乡土实用人才进行深入挖掘，在此基础上综合考虑经验特长、人才类型等因素创建相应的平台。对新一代乡土人才进行培养的过程中，需要做好帮、传、带工作，以便得到良性互动的人才储备传承。此外，为营造良好的返乡创新创业环境，也可对外来人才服务乡村长效机制予以改进和完善。

（五）产业融合带动农业产业化快速推进

美国在城镇化进程中非常重视农业现代化、工业化和第三产业的协调发展，在发展农业产业化过程中也发挥出二、三产业的价值与作用。目前，国内可在资源配置方面发挥出市场的作用，促使更多资本流入乡下，通过积极发展农产品加工业和现代种植业等方式在农村实现合理布局互联网产业、现代物流业的目的，在深入发展农业和互联网的同时，也能够有机融合农业、服务业与工业。与此同时，可选择产业强镇行动和产业兴村的方式得到"一村一品""一乡一业"的产业格局，结合各地区实际情况确定特色产业，这样则能够有效解决发展农村经济过程中面临的产业支撑问题。此外，也要进一步加强农村供给侧结构性改革力度，对农业产业链进行延伸与整合后，可以得到结合一体化和多元化的农业全产业链，满足市场对多元化产品的基本需求，农业也会逐渐向体制导向型方向发展。而将农产品供应链打通后，能够有效对接研产销，在降低流通成本与流通环节的同时，提高农业产业效率，从而实现快速推进农业产业化的目的。

（六）发挥现代农业产业园区产业集聚功能

北京、上海、杭州等城市很重视现代农业产业园区建设，目前这些现代农业园区已成为推进农业现代化、实现乡村振兴战略的重要载体和路径。对广州而言，必须加快现代农业园区建设。突出抓好优势特色产业引领区、农村一二三产业融合发展区、新型农业经营主体创业创新孵化区、农业高质量发展示范核心区及乡村振兴样板区等特色产业基地建设。在实际发展中，可将农业特色资源优势充分发挥出来，通过整合聚集要素资源如人才、资本等，创建包括精致农业、创意农业等现代化农业在内的新模式新形态。针对一些教育培训、科技创新、加工农产品等项目，可加强对其扶持力度，引导生产要素、企业和产业流向园区，从而在整体上有效提高农业供给侧效益与质量。

（七）发展高效特色农业，建设特色农产品品牌

北京以培育农业优质品种、打造优质农产品品牌、构建品牌农产品的市场对接机制为抓手，发展具有国际竞争力、绿色低碳的新兴农业产业。广州应借鉴北京、天津等国内先进城市发展农产品品牌的成功经验，抓准农业产业特色定位，转变农业经济发展方式，选准适合自身发展的特色产业，发挥特色优势，瞄准生态农业"绿色""健康"新理念，创新研发产业精深加工，提升农产品附加值。加强对初级农产品保鲜、冷链物流及农产品质量安全保障技术的研发创新，大力支持初级农产品品牌创建，提高品牌溢价。构筑农产品品牌推介阵地，进一步建立品牌的认证、扶持、保护、仲裁等系列机制和制度，保障品牌农产品质量，形成一条适合广州农业发展的现代化、品牌化道路。

（八）鼓励先行先试，着力融合发展

一是鼓励突破性先行先试。在粤港澳大湾区高质量一体化发展中大胆尝试，探索广州在先进生产方式上的引领作用，在生产功能和空间布局上开展战略性合作，弥补"大城市、小郊区"空间潜力不足短板。二是着力深度融合发展。促进"特色农业＋三产融合"，发展特色民宿、农家乐等，整合资源、集聚发展，改变农民收入单一性；拓展农业观光、采摘、体验、科普、医药、教育等多种功能，打造休闲农业、体验农业、创意农业等新业态新模式。三是发展农产品精深加工提升附加值。在提升整体水平后，继续升级改造相关装备技术，以便创建具有一定特色的加工农产品品牌。鼓励农产品加工企业与农民合作社、家庭农场建立紧密型利益联结机制，推动城乡共同繁荣。

四　广州市增城区城乡融合发展个案分析

2019年12月，国家发改委等十八部门联合印发《国家城乡融合发展试验区改革方案》，明确设立11个国家城乡融合发展试验区。其中，广清接合片区为广东唯一入选地区，范围包括广州市增城区、花都区、从化区，清远市清城区、清新区、佛冈县、英德市连樟样板区，面积约9978平方公里。为更好地了解广州城乡融合发展推进情况，笔者深入增城区开展调研，形成增城区个案分析报告。

（一）创建优势

1. 增城区情具有大湾区城乡二元的典型性

增城是粤港澳大湾区和珠三角都市圈的生态绿洲与后花园，生态环境优越，自然资源丰富，总面积1616平方公里，常住人口164万。其耕地40.6万亩，林地109.2万亩，森林覆盖率达55.38%。既有国家级经济技术开发区和"侨梦苑"两个国家级发展平台，又有荔枝、丝苗米、迟菜心等"增城十宝"优质农产品，还有白水寨国家4A级景区、3平方公里的挂绿湖。北部坚持保留集中连片800多平方公里的生态文化旅游区，农村面积广。

2. 增城具备支撑城乡融合发展的综合实力

近年来，通过推动高质量发展，构建现代化经济体系，一二三产业呈协调融合发展之势，综合实力和发展后劲不断增强。2018年，实现地区生产总值1124.11亿元，固定资产投资1005.48亿元，一般公共预算收入95.14亿元，三次产业比例为4.13∶37.74∶58.13。增城三次产业体系完备，拥有广本、北汽两家汽车整车生产企业，以及超视堺第10.5代显示器全生态产业园等战略性龙头项目，聚力打造新一代信息技术、汽车及新能源汽车、金融科技、生命健康四大千亿级产业集群。引进了华侨城文旅项目、龙城国际康复医疗健康中心等文旅融合和健康服务项目，人口就业集聚能力大幅提升。培育省级现代农业产业园3个，区级以上农业龙头企业72家，100亩以上规模种植场309家。

3. 增城在城乡融合发展方面率先进行了探索实践

2009年，增城开展广东省统筹城乡综合配套改革试验，构建以工业化、城镇化、生态产业化统筹城乡一体化的格局。近年来，增城积极探索城乡融合发展，城乡居民社保、医疗、教育基本实现城乡一体化，城乡基础设施不断完善，拥有增城广场、图书馆、城市馆等特色文化休闲设施，14所高等院校和中等职业学校，区少年宫、区中心医院、区养老院等一批公共服务设施投入使用，具有黄冈中学广州增城学校、广外附设增城实验学校、广州前海人寿医院、广州市妇女儿童医疗中心等优质教育医疗资源。探索乡村治理的村民议事厅创新实践成为国家示范，推进省农村金融改革试点，建立以城带乡的财政转移支付制度，集约综合利用集体建设用地，初步建立了统筹城乡融合发展的运转机制。

4. 增城可为国家探索大湾区规划建设背景下城乡融合发展提供样本示范

当前，增城城乡发展二元结构尚未明显改善，常住人口城镇化率偏低且区域不平衡，城乡居民收入有一定差距，农业对农民增收的贡献率较低，妨碍城乡要素合理配置的体制机制壁垒仍然存在，在破解城乡协调、区域协调发展问题上具有典型代表性。根据国家《关于建立健全城乡融合发展体制机制和政策体系的意见》的部署，"选择有一定基础的市县两级设立国家城乡融合发展试验区""要在经济发达地区、都市圈和城市郊区率先取得突破",增城与此高度契合,可为粤港澳大湾区城乡融合发展探索提供实践经验。

(二) 存在的主要问题与短板

1. 土地集约管理水平较低

一是增城着力建设广州东部增长极,已落户和正策划的发展项目众多,建设用地需求大、供给小,2019年计划开展征地报批项目242个批次共42879亩,但目前获批复24个批次4422亩,仅占总量的10.3%,供求缺口矛盾突出。二是因征地欠款、权属不清、债务纠纷、抵押查封等历史遗留问题,部分乡镇土地闲置较多,土地效益和产值低。比如:92个村级工业园占地7332.8亩,符合现行控规已办理土地证的仅有458.17亩,仅占总量的6.25%,亩均营业收入仅有44.74万元,亩均税收为1.72万元。三是农村集体建设用地规模较大但盘活利用的政策支持不够。增城区农村集体建设用地规模约8.2万亩,但大多分布零散,呈碎片化,土地利用低效。由于2000年后未分配新的宅基地,大量未经审批建设的农村住房出现,农村地区遗留了数量庞大的危旧破房和空心村,造成土地资源浪费。城镇建成区基本上由城中村构成,荔城、新塘城区有近20个城中村需要加快改造。四是增城承担全市生态用地保障任务过重,广州市国土空间规划下达增城区永久性基本农田保护任务为48.363万亩,但根据三调数据,增城区耕地实际约32万亩,亟须给予政策支持,根据实际合理调减,为增城加快建设广州东部增长极提供用地空间。

2. 农村产业基础薄弱,产业用地和资金短缺

制度上城乡二元结构问题尚未完全解决,户籍、土地、金融以及城乡基础公益设施等侧重于城区。一是产业发展"城快乡慢",目前增城加快培育汽车及新能源汽车、新一代信息技

术、金融科技等千亿级产业集群，乡村产业加快发展，但总体上现代农业规模小，产业链不完善，导致增城区农业发展质量和效益偏低，2018年实现农作物播种面积82.65万亩，农业增加值仅完成52.86亿元。二是农村产业基础薄弱，资金短缺，农业产业规模化、集约化水平偏低，农民收入偏低。当前增城城乡发展差异拉大，区域发展不平衡问题突出，2019年农村居民第一产业经营人均收入1432.02元，同比仅增加21.89元，仅增长1.6%。2019年，城乡居民收入比虽然缩小到1.98∶1，但农民人均纯收入（23726元）仅为城镇居民人均可支配收入（46861元）的50.6%，农村居民人均消费支出（17259元）仅为城镇居民人均消费支出（29023元）的59.5%，南部新塘镇投资（182.13亿元）是北部正果镇的（0.89亿元）205倍。三是乡村产业项目缺乏建设用地支持。目前，增城区全力推动的52个重大乡村产业项目中符合申报土地利用计划条件的只有2个。农村资源要素市场化配置低效，农村各类要素资源的市场发育受法律政策的制约，农村土地、集体资产、农房等产权交易缺乏配套政策支持，市场化流转不畅，农民用益物权和财产权益未得到充分体现。比如，增城区原计划目标规模流转10万亩农用地，由于在实际操作中农业设施用地、建设用地指标难落实，企业落地顾虑多等因素，目前仅实现1.5万亩连片农用地的流转整合。

3. 常住人口城镇化率偏低

一是户籍制度改革不彻底。受城镇居民没有宅基地分配、村集体经济分红、征地（赔）补偿款以及其他各项涉农优扶政策等福利的影响，农民市民化推进较难，当前常住人口城镇化率为73.1%，低于广州（86.38%）13.28个百分点。二是当前增城引才落户制度不够健全和灵活。虽然针对重点企业员工有定向落户指标安排，但对于重点企业的资质和认定标准要求也较高。近三年,在总量控制类指标入户中,增城区仅办理了758人,其中2016年入户154人,2017年入户288人,2018年入户316人。在2018年广州市下放给增城区的350个落户指标中,仍有34个指标尚未用完。另外,也存在很大一部分符合增城产业发展的人才无法落户,比如符合大专及以上学历、中级技术职称或技师以上职业资格的人和职业院校毕业生获得中高级技师、高级工、中级工的人。三是当前公共基础设施和配套政策不完善等因素阻碍了增城的城镇化率进一步提升。优质教育和医疗资源缺乏,优质学位资源不足,人才子女较难享受到优质教育医疗资源,导致对外吸引高层次科技人才、创新性人才等的聚合力不够强,进一步拖慢了增城城镇化的步伐。

(三)融合发展思路与建议

1. 建立城乡三次产业融合发展机制

推动城乡产业布局一体化,健全有利于城乡产业发展的土地、资金等要素合理配置的机制,促进三次产业协调互动、有机融合,构筑多元共生的产业发展格局,夯实城乡融合的经济基础,为增加城乡就业人口和工资性收入提供坚实支撑。

加快培育四大千亿级产业集群。协同构建粤港澳大湾区具有国际竞争力的现代产业体系,实施"4+X"主导产业发展计划,构建以新一代信息技术、汽车及新能源汽车、金融科技、生命健康四大千亿级产业集群为主导,以新能源新材料、高端装备制造等战略性新兴产业为重点的现代产业体系,以产业发展增强综合实力、引导人口集聚,带动就业和服务业的发展。

促进农业与二产、三产融合发展。设立城乡融合发展基金,推动乡村振兴基金加快发展,促进工商资本入乡创业兴业。以增城5G智慧农业试验区和现代农业产业园为依托,推进农业生产、农产品加工、观光旅游三产融合。推进农村留用地等集体建设用地的高效利用，采用入股、租赁、合作等模式大力发展先进制造业和生产性服务业，形成"农业+"多业态发展态势，增强乡村产业聚合力。

实事求是划定永久基本农田，建立多渠道发展用地保障机制。加强耕地数量、质量、生态"三位一体"保护，根据第三次全国国土调查工作中耕地调查情况，以保护优先、实事求是为原则，合理划定永久基本农田保护任务。通过结合美丽乡村建设、旧村改造、农村建设用地拆旧复垦等政策，建立基本农田划定储备库，提高永久基本农田划定的连片性、整体性。专项安排新增10平方公里建设用地规模和下达年度用地指标，支持城乡融合重大项目建设。通过国土空间规划编制工作，探索解决区域性市政道路、公益性配套建设项目用地瓶颈的新途径。

2. 推动以土地为重点的城乡要素配置改革

以农村土地改革为突破口，推进农村土地征收、集体经营性建设用地、农村宅基地制度改革，盘活农村要素产权，促进农村的土地、生态、人口与城市的资本、人才、科技资源有效融合，增加农村集体经济实力和农民财产性收入。

建立农村资产要素交易市场，推进集体建设用地同权入市。探索土地市场化、市场资本化的实现途径，推动农村集体建设用地、土地承包经营权、宅基地、集体林权等入市交易；完善集体建设用地使用权流转平台，鼓励村集体采取合作开发、建设租赁住房、入股、政府物业置换等多种方式加快农村集体建设用地的综合开发，真正意义上实现农村集体建设用地与国有建设用地同权同价。

积极争取下放部分用地审批权。争取各级政府农用地转用和土地征收实施方案审核职权下放到区级政府；争取省管权限建设项目占用国有未利用地及农村集体经济组织使用本集体所有的未利用地进行非农业建设审批职权下放到区级政府；争取将省级、市级用地预审以及"三旧"改造完善集体建设用地手续和转国有建设用地审批等权限下放到区级政府，全面提高土地利用效率和效益。以城中村和村级工业园改造为切入点，争取政策突破解决历史用地问题，为产业和城乡发展释放空间。

探索农村宅基地有偿退出改革。推动已建成宅基地未经审批、不符合土地利用规划、一户多宅等问题逐步解决，建立统一的农村宅基地确权登记规则和农村住房管理数据库，探索农村宅基地所有权、资格权、使用权的"三权分置"和宅基地退出补偿机制及使用权入市转让、抵押融资等制度。

3. 探索农业人口市民化推进机制

以促进人的城镇化为根本导向，加强人口战略研究，建立本地农村户籍人口转为城市人口激励引导机制，加大非户籍人口在城市落户推进力度，推动未落户城镇的常住人口平等享有基本公共服务。

根据区域发展功能定位完善差别化、精准化落户政策支持。建立中南部城市发展区农业人口退出机制，探索农户将集体资产所有权、土地承包经营权、宅基地及住房置换成股份合作社股份、承包企业股权和城镇住房"三置换"，鼓励农民带股进城。

打造"来穗人员融合计划"升级版。争取省级政府高层次人才、高技能人才引进入户核准职权下放到区级政府，按照政策规定享受当地居民待遇。进一步对增城放开放宽落户限制，推行符合大专及以上学历、中级技术职称或技师以上职业资格条件的人可购房入户政策，允许职业院校毕业生获得中高级技师、高级工、中级工的直接落户。推进实际人口居住登记制度全覆盖，解决好常住人口的社会保障、医疗、住房以及随迁子女入学等公共服务供给问题。

探索完善城乡一体的人才"引育管用"机制。推动城市资本、人才和技术下乡，建立人才服务保障政策体系及人才需求目录，完善和依托增城区职业教育园区、社区教育及职业技能培训体系，实施乡村振兴人才"订单式"培养计划，开展社区居民综合素质培训工程和新型职业农民培育工程，引导各类人才向乡村流动集聚创业发展。

4. 强化城乡公共服务一体化的制度安排

加大财政转移支持力度，推动城乡基本公共服务标准统一、制度并轨，实行普惠共享，减轻城乡居民在教育、卫生、医疗、社保上的支出负担，逐步提高教育、医疗、社保等公共服务供给质量，有效满足人民美好生活的需要。

围绕打造粤港澳大湾区宜居宜业宜游优质生活圈，优化公共服务供给质量。促进义务教育均衡优质发展，开展城乡12年免费教育，吸引知名品牌教育机构来增城区发展优质教育，促进优质教育资源城乡共享。推进前海人寿三甲医院、广州市妇儿中心增城院区等优质项目建设，引进优质医疗卫生健康项目、三甲以上优质高端医疗机构落户增城区，以地铁21号线为轴加快培育发展健康服务业。深化文化公共设施改革，落实增城区基本公共文化服务实施标准，推动区公共图书馆、文化馆总分馆体系建设和村（居）综合文化服务中心试点。

面向粤港澳大湾区教育合作需求，依托广州科教城、增城职业教育园区建设粤港澳大湾区产教研创融合发展基地。探索与港澳教育交流合作机制创新，积极争取一批高等院校或科研机构等落户增城，加速形成大湾区产教研创融合发展区域品牌。

提升城乡一体的社会保障水平。进一步完善统一的城乡居民基本医疗保险、大病保险和基本养老保险制度，提高保障的普惠性和水平。建立与经济增长相适应的基本公共服务投入增长机制，完善政府、企业、个人共同参与的农民工（来穗人员）市民化成本分摊机制。

完善城乡一体的公共财政体制。建立财政投入与城乡融合相适应的机制和涉农资金整合利用长效机制。完善以城带乡的财政转移支付机制，统筹发挥乡村振兴基金的杠杆作用，推动更多社会资本参与城乡建设发展。

建立城乡基础设施一体化规划、建设和管护机制。完善衔接统一的城乡规划制度，建立增城区规划管理一张图平台，优化生态、生产、生活空间布局。实施"四好农村路"、美丽乡村等重大工程，推进厕所、污水、垃圾"三大革命"，推动农村水、电、路、桥、渠、管线等基础设施提档升级，完善全域覆盖、普惠共享、城乡一体的基础设施服务网络。

5. 建立健全乡村治理机制

以建设"三治结合"的乡村治理体系为牵引，发扬"村民代表会议制度"等首创精神，积极探索社会治理新思路、新举措，建立健全党委领导、政府负责、社会协同、公众参与、法治保障的社会治理体制。

擦亮乡村治理品牌。积极探索完善农村基层群众自治制度，完善村民代表会议制度、社区议事会制度。推进一批以基层党建引领社区治理示范试点，打造一批乡村治理典型示范名人。

打造"增城群防"等基层治理创新品牌。推进新塘特大镇来穗人员共建共治共享社会治理格局试点。推广荔城街社区（网格）智慧治理综合指挥中心试点经验，大力推进"中心＋网格化＋信息化"建设，打造以社区网格为基本单元的基层精细化治理网络。

积极完善农村基层干部激励保障机制。持续"头雁工程"，将农村基层干部纳入财政供养序列，进一步健全农村基层干部薪酬保险统筹机制，完善在职村干部报酬合理增长机制。积极拓宽村（社）干部晋升通道，每年定期从村（社）干部和选调生中选拔担任乡镇（街道）领导干部。

6. 健全有利于农民收入持续增长机制

把促进城乡居民增收摆在首位，通过培育壮大特色产业集群促进农民就近就地转移就业增收，通过培育乡村发展新动能推动农民分享农业全产业链利润，通过完善农村基本经济制度拓宽农民增收新空间，确保城乡居民工资性、财产性、经营性、转移性收入稳步提高，加快缩小城乡差距。

推进农村集体资产股份权能改革试点。完善农村经济合作组织运作机制和分配制度，使股份合作经济成为农村集体经济的基本实现形式，股份分红成为农民增加财产收入的基本途径。

按照区域功能定位探索差别化制度设计。中南部支持村集体统筹利用集体预留用地，引导农民利用土地、房屋等资源发展为先进制造业配套的服务性产业，增加村集体和农民的财产性收入，北部生态区着重引导农民利用自有资源进行开发性生产，通过参与生态产业化创业就业，拓宽集体经济和农民增收渠道。

加强农民就业技能培训。坚定不移促进农民转移就业，设立职业技能定点培训机构，定期组织实施各类专业培训，促进农村劳动力实现就业、稳定就业和自主创业，切实提高收入水平。

附

"广州促进城乡融合发展的总体思路与战略研究"专家调查问卷整理

为更好完成本项课题研究,充分吸收专家智慧,笔者抽取广州地区高校、科研院所、党委政府研究部门以及市社会科学院本院的18位专家进行问卷调查。问卷调查从城乡融合发展迫切需要解决的主要问题、制约短板、重点和突破口、动力机制和发展趋势等角度,获取不同专家对广州城乡融合发展的看法和建议,为撰写广州实现城乡融合发展总体思路和对策建议提供借鉴与参考。现将专家调查问卷结果整理如下。

序号	单位	当前广州城乡融合发展最需要迫切解决的问题	广州城乡融合发展面临的最主要发展短板和制约	该如何选择广州城乡融合发展的重点和突破口	广州城乡融合发展的动力机制和发展趋势	广州城乡融合发展政策重点关注哪些领域和环节
1	专家1	一是城乡基本公共服务均等化问题。据了解，白云区部分农村已经完成转制，但相关基本公共服务并没有依照原来的方法操作，其他农村地区可能也存在类似情况。二是乡村地区基础设施配套问题。根据近年来社会经济发展的准确预测，合理推进农村地区相关基础设施建设进度。三是广州市内城中村发展问题。广州市内城中村总给人"经济强势""外形弱势"的印象，如何改变这种印象	一是现有财政制度制约。据了解，改制后的乡村集体经济依然按照原来的方法操作，一方面集体经济收入免税，另一方面集体经济承担了财政公共服务支出，而不是由财政统筹。二是土地制度制约。新一轮土地确权颁证后，农村土地碎片化进一步固化，为土地连片开发造成困难，也导致土地规模流转日益困难	一是根据市委、市政府长期规划和年度重点任务进行选择。二是通过与对标城市的横向比较，选择最弱点。三是可按照先易后难的顺序，将最可行的部分先行完成	一是鉴于城中村整治的困难，可能的趋势是先从闹市中心区发展。二是鉴于中心城区发展速度远超外围，可能出现城乡差距加大的可能，需要注意，动力机制主要来自上层领导的推动	一是充分发掘乡村地区的潜力，为城乡融合营造空间，能够吸引城市资源向乡村投入，例如土地资源整合供给、特色发展项目打造等。二是着力突出土地、要素，金融信贷和乡村人才建设等方面

续表

序号	单位	当前广州城乡融合发展最需要迫切解决的问题	广州城乡融合发展面临的最主要的发展短板和制约	该如何选择广州城乡融合发展的重点和突破口	广州城乡融合发展的动力机制和发展趋势	广州城乡融合发展政策应重点关注哪些领域和环节
1	专家1	应该是广州市中心城区城乡融合发展需要迫切解决的问题				
2	专家2	一是城乡财政均衡配置机制的建立 二是乡村发展中用地问题的解决,包括农业设施用地和农村建设用地指标的落地 三是城乡统一要素市场的建立和发展,特别是农村建设用地市场、农地市场以及资本市场,特别要解决社会资本进入农村所面临的制度性障碍	一是乡村规划严重落后于广州市整体发展水平以及农民需求 二是农村产业发展,基础设施建设方面的建设用地难以获批 三是基础设施不能以点带面 四是社会保障,教育投入水平上,城乡之间差距较大 五是农村要素市场特别是农地市场发育程度不足	一是真正将乡村规划纳入广州市整体规划中,在用地指标上考虑农村区域发展的需求,特别是相关农业产业发展以及乡村旅游相关建设用地,落实农业设施用地 二是全面推动教育、公共卫生、医疗、养老保障水平上的城乡统一 三是完善农村建设用地入市制度,推动农用地入市经营,集体收入分配,政府社会保障	城乡融合发展的根本动力是财政下乡,人口城市化以及财政资源向农村的倾斜,其发展趋势是不断加快的城市化进程,城乡差异缩小,城乡人口的流动以及农业产业化 城市化不可逆转,更多的农村人口会进入城市,广州市农村人口会不断减少;随着农民非农工经商,集体收入分配,政府社会保障	一是社会保障政策:在教育、医疗、养老保障和就业政策上真正实现城乡统一 二是土地政策:推进发展农地市场,方便资本进入农业产业,盘活农村建设用地,让资本进入农村,推动农村产业发展,建设用地指标上向农村倾斜或落实政策配套 三是科学制定乡村发展规划

附 "广州促进城乡融合发展的总体思路与战略研究"专家调查问卷整理

续表

序号	单位	当前广州城乡融合发展最需要迫切解决的问题	广州城乡融合发展面临的最主要的发展短板和制约	该如何选择广州城乡融合发展的重点和突破口	广州城乡融合发展的动力机制和发展趋势	广州城乡融合发展政策应重点关注哪些领域和环节
2	专家2		度较低 六是农村公共卫生文化设施不足,部分地区交通条件依然有待改善,农村垃圾收集系统需要进一步完善	村宅基地制度改革(继承、流转),逐步打开农村封闭的社区系统,建立外部资金、技术、人才以及进入农村的政策体系	性收入的增长,广州市城乡收入差距会进一步缩小,农村居民生活条件要向城市看齐 农村人口向城市流动会带来耕地及宅基地市场的发展,同时希望住到农村去的人也在不断增加,乡村旅游的发展带动农村餐饮和住宿,带动对农村建设用地方面的需求 都市农业带来的高附加值产品、农业产业化进程加快,外来资本进入农业产业,使得农地的流转必将加速	

序号	单位	当前广州城乡融合发展最需迫切解决的问题	广州城乡融合发展面临的最主要的发展短板和制约	该如何选择广州城乡融合发展的重点和突破口	广州城乡融合发展的动力机制和发展趋势	广州城乡融合发展政策应重点关注哪些领域和环节
3	专家3	一是对农业农村的投资多了，但项目进度慢，原因是各部门对特定要配置的制度条款各有侧重，体制机制改革的系统性和协调性亟须提高 二是乡村产业兴旺不能局限在"点"和"线"上，即要推进全市城的乡村产业振兴。干扶千村和乡村产业融合平台需要"扩面"布局 三是如何让更多的城市生产要素流向乡村，	一是城乡基本公共服务基本均等化还难实现。教育、医疗资源配置的不平等尤为明显 二是部分乡村的基础设施建设仍是短板 三是需要担转潜在的、实质上的重城轻乡的观念，现在重视乡村表现得很明显	一是推进广州农民市民化进程，形成城乡融合发展的拉力 二是加大对农村基本公共服务的人力度，尤其是要着力提升教育和医疗的质量 三是推进乡村二三产业融合进程，完善乡村治理体系 四是做好相对贫困村民的扶志扶智帮扶工作	一是向改革要动力，系统性地推进城乡融合发展的体制机制改革 二是形成城乡互动的要素流动机制 三是协调推进城镇化和振兴乡村	一是梳理制约的城乡要素优化配置的制度条款，并及时改进 二是着力解决乡村的人才振兴难题，加大力度改善乡村非企业人员的待遇，引导城市人才到乡村季候型工作 三是继续加大乡村振兴各方面的投入力度，扶持乡村绿色产业发展 四是在保障农村居民利益的前提下，清除城市人员返乡产生、生活的制度障碍 五是做好农业保险的"提标扩面"工作

续表

序号	单位	当前广州城乡融合发展的最迫切需要解决的问题	广州城乡融合发展面临的最主要的发展短板和制约	该如何选择广州城乡融合发展的重点和突破口	广州城乡融合发展的动力机制和发展趋势	广州城乡融合发展政策应重点关注哪些领域和环节
3	专家3	需要牵住"逆城镇化"人才流动的"牛鼻子",迫切需要优化相关制度条款				
4	专家4	一是城乡要素的双向融合尚存制度障碍。农村的土地、劳动力、生态资源必须进入城市的市场才能实现价值,尤其是农村的土地,作为农村最大的资产,无法通过市场机制成为投资、将资产变成资本,优化资源配置,吸引社会投资,这就制约了农民发展生产,增加收入。二是农村发展内生动力不足,在城市的即时吸纳动力下,农村的金融、高素质劳动力	农村资源价值实现方面存在体制机制障碍。长期存在的体制机制障碍使农村资源无法将资产变成资本,将资产通过市场实现,优化资源配置,吸引社会投资,这就制约了农民收入,增加收入。虽然广州"三农"发展基础尚好,但农业依然存在农业现代化发展基础薄弱、农业产业化规模	一是完善农村集体经营性建设用地入市制度。依托集体土地整备平台,以托管方式对集体建设用地进行整合开发,统一招商。依法合规推进集体经营性建设用地就地或异地调整入市。探索依法把有偿收回的闲置宅基地、废弃或低效的公益性建设用地转变为集体经营性建设用地入市,逐步实现	一是城乡融合发展的需求动力。城乡资源互补,有融合发展的内在动力 二是目前制度的推动,清除了大部分城乡融合发展的制度障碍,城乡融合发展机制正形成突出,是其最大的动力机制	一是吸引人才入乡。要有实实在在的政策,吸引人才回流 二是深化农村宅基地制度改革试点,探索宅基地集体所有权实现形式,农户宅基地资格权保障和用益物权和退出机制,农村闲置宅基地和闲置农房流转机制、完善宅基地管理制度及闲置宅基地和闲置农房政策 三是提高"人地钱挂

续表

序号	单位	当前广州城乡融合发展最需要迫切解决的问题	广州城乡融合发展面临的最主要发展短板和制约	该如何选择广州城乡融合发展的重点突破口	广州城乡融合发展的动力机制和发展趋势	广州城乡融合发展政策重点关注哪些领域和环节
4	专家4	要素都会流向城市,农村的发展缺人、缺用地指标、缺金融支持。三是外来资本下乡规模未成气候,外来资本在广州农村,外来资本下乡相对江浙规模较小,且以江浙民间资本为主,本地资本进入农业的规模、档次有待提高	不大、农业科技创新引领能力不强、土地适度规模经营水平不高等问题。与北京、上海相比,广州市农业龙头企业无论是数量、盈利水平还是对农业的带动能力都要落后。由于农民所拥有的最大资产"农地"(农民宅基地、农民承包土地),被现行法律法规限制,抵押效力存在法律风险,市场化土地价值评估机制未建立、土地承包经营权流转市场不健全等,农民在办理农村土地抵	与国有建设用地同等入市、同权同价。推进集体经营性建设用地使用权和地上建筑物所有权,房地一体、分割转让 二是完善农村产权抵押担保权能,促进农村地区信用、信贷联动。民业合作社、供销合作社培育发展新型农村合作金融组织,规范妥开展农村集体经济组织和农民专业合作社内部信用合作,鼓励金融机构加大支付试验区		"钩"配套政策的精准性,将非户籍常住人口纳入"人地钱挂钩"计算基数,加大奖励资金支持力度,深入实施建设用地规模、新增建设用地指标与吸纳落户人口数量挂钩制度,推进公共资源按常住人口规模配置,系统研究建立转移支付同常住人口挂钩机制

续表

序号	单位	当前广州城乡融合发展最需要迫切解决的问题	广州城乡融合发展面临的发展短板和制约	该如何选择广州城乡融合发展的重点和突破口	广州城乡融合发展的动力机制和发展趋势	广州城乡融合发展政策应重点关注哪些领域和环节
4	专家4		押时处受限，使得农村地区客户抵押融资需求难以有效满足，无法显示其资产价值。农村土地规模小且分散，既无法实现规模化经营与现代产业的有效衔接，也无法取得与城市土地同样的价值，一些现代农业配套设施用地和乡村新产业新业态用地难以满足，保温大棚、培育室、田头冷库等现代农业必要的配套设施用地或附属配套设施用地审批难度大，农业经营主体做强做大困难重重。当前涉农融合发展典型项目及涉农小微、民营等各类企业融资，拓宽农村产权担保物范围，推进农村集体经营性建设用地使用权、集体林权等抵押融资以及承包地经营权、集体资产股权等担保融资。建立农村产权抵质押物价值评估、流转交易、处置、风险分担等配套制度。健全政府性农业融资担保机制，推动政府资源强化担保增信支持		

续表

序号	单位	当前广州城乡融合发展最需要迫切解决的问题	广州城乡融合发展面临的最主要的发展短板和制约	该如何选择广州城乡融合发展的重点和突破口	广州城乡融合发展的动力机制和发展趋势	广州城乡融合发展政策应重点关注哪些领域和环节
4	专家4		广州生态补偿标准不足，生态补偿仅涉及森林、湿地、水流、耕地等各类生态系统和重点功能区，主要依赖财政资金投入，补偿标准难以覆盖全方位的生态保护补偿，难以调动保护者的积极性。补偿方式单一，除重点功能区财政转移支付外，重点开发区对生态发展区的对口协作、产业转移、园区共建、人才培训以及市场化补偿模式较为缺乏			

续表

序号	单位	当前广州城乡融合发展最需要迫切解决的问题	广州城乡融合发展面临的最主要的发展短板和制约	该如何选择广州城乡融合发展的重点和突破口	广州城乡融合发展的动力机制和发展趋势	广州城乡融合发展政策应重点关注哪些领域和环节
5	专家5	一是乡村不美，对城市的吸引力不足 二是"城中村"历史问题多，更新改造难度大 三是乡村经济较弱，美丽乡村、特色小镇建设有待加强	一是收入差距大 二是城乡生活方式和理念差距大 三是城乡要素资源互动性不够 四是城乡基础设施、公共服务"一张网"还未形成	一是建设美丽乡村，按照"生活区、生产区、生态区"的分工要求，全面推进美丽乡村建设和乡村绿化美化净化、加强农村山水田林路综合整治及违建清拆，彰显岭南乡村特色 二是推进"村改居"社区更新改造，按照城市社区标准完善农村社区公共服务设施，把城乡接合部全面纳入城市进行建设和管理，全面改善城乡接合部环境和形象	一是要素流动机制 二是交通互联机制 三是公共服务共享机制	一是加大财政、金融、科技对农村发展的支持力度，加快农业现代化设施建设，积极发展农村集体经济及中小微企业，帮助农民进城就业，多渠道增加农民收入 二是深化以农村集体产权制度改革为重点的农村综合改革，完善农村股份合作制，推进农村土地流转及农业规模经营，加大公共财政对农村的转移支付，加强对北部生态地区的生态补偿，形成以城带乡的农村长效发展机制 三是创新农村基层民主治理

续表

序号	单位	当前广州城乡融合发展最需要迫切解决的问题	广州城乡融合发展面临的最主要的发展短板和制约	该如何选择广州城乡融合发展的重点和突破口	广州城乡融合发展的动力机制和发展趋势	广州城乡融合发展政策应重点关注哪些领域和环节
5	专家5			三是加快物道交通和城市高快速路向外围城区及镇延伸，推进城乡接合部和围城区及城郊和乡镇的道路、市政设施、环卫设施、公共服务设施与信息化设施建设，提高农村地区基础设施建设水平，实现城乡基础设施一体化 四是推进城市优质公共服务资源向外围城区和城乡接合部倾斜，提高城郊及农村地区的公共服务质量 五是加快推进中心镇建设，增强中心镇产		理机制、完善农村工作指导制度，健全农村基层治理体系，提升乡村治理能力，促进农村社会治理现代化

续表

序号	单位	当前广州城乡融合发展最需要迫切解决的问题	广州城乡融合发展面临的最主要的发展短板和制约	该如何选择广州城乡融合发展的重点和突破口	广州城乡融合发展的动力机制和发展趋势	广州城乡融合发展政策应重点关注哪些领域和环节
5	专家5			业和人口集聚功能，使之成为平台功能的有效补充和农村地区的重要服务中心；六是支持北部山区镇生态化发展，鼓励发展乡村旅游业、现代农业和现代服务业，促进农民增收		
6	专家6	市场要素的双向自由流动问题；过度集聚与过度分散	城乡土地管理体制的差异	城乡土地管理体制的新突破	城乡公共服务水平趋向均等化；城乡居民身份特征去标志化；城乡要素进入市场的机会、价格平等化	关键在于夷平造成城乡差异的各种体制机制和政策设计

续表

序号	单位	当前广州城乡融合发展最需迫切解决的问题	广州城乡融合发展面临的最主要的发展短板和制约	该如何选择广州城乡融合发展的重点和突破口	广州城乡融合发展的动力机制和发展趋势	广州城乡融合发展政策应重点关注哪些领域和环节
7	专家7	一是如何进一步改革农村宅基地分配方式 二是尽快建立和完善农村集体经营性建设用地入市制度 三是健全农村金融服务模式及农村产权抵押担保、质押融资的制度安排	一是户籍管理制度的调整与优化 二是如何有效激励人才入乡以改变农村经济社会发展的人力资源基础 三是建立合理的旧村改造利益分配机制	建立城乡产业协同发展机制,将农村的经济与产业发展有机纳入城市经济发展的轨道和体系,这是实现城乡融合发展的根本保障	动力机制:一方面,农村居民迫切要通过盘活丰富的土地资源和利用优良生态环境来达到或实现对美好生活的追求,达到与城市一样的生活水准;另一方面,城市经济与社会发展需要更多、更绿色的发展空间与土地资源 发展趋势:城乡融合发展呈现多元模式、多种路径,生态产品价值实现越来越具备成熟条件和多种路径	一是市民化的成本核算体系和配套政策 二是农村金融服务进一步成熟与完善 三是如何通过政策创新与激励,将外部的优质资源项目如人才、产业、资本、平台等有序化导入农村地区的改造与发展

附 "广州促进城乡融合发展的总体思路与战略研究"专家调查问卷整理 217

续表

序号	单位	当前广州城乡融合发展最需要迫切解决的问题	广州城乡融合发展面临的最主要的发展短板和制约	该如何选择广州城乡融合发展的重点突破口	广州城乡融合发展的动力机制和发展趋势	广州城乡融合发展政策重点关注哪些领域和环节
8	专家8	一是提高农民收入二是改善农村环境、基础设施和公共设施三是农业数字化发展	一是农民文化教育程度低二是农民对城市生活的适应程度不高三是农民科技水平不高	一是提升农民文化教育程度二是提升农民对城市生活的适应程度三是提升农民科技水平	一是农民收入提升二是农业数字化三是城乡一体化	一是农村基础设施、公共设施和环境的建设和改造二是新农村规划和建设的控制和规划三是社会文明城市化，包括生活方式、思想文化和社会组织关系等的城市化（最关键）四是农业的多样化、多层次、数字化发展

续表

序号	单位	当前广州城乡融合发展最需迫切解决的问题	广州城乡融合发展面临的最主要发展短板和制约	该如何选择广州城乡融合发展的重点和突破口	广州城乡融合发展的动力机制和发展趋势	广州城乡融合发展政策应重点关注哪些领域和环节
9	专家9	人、财、物以及生产生活资源要素流动性，城乡产业之间的衔接性和互补性有待加强	一是医疗、教育等公共服务不均衡，生态环境发展在一定程度上限制了城乡融合发展速度 二是个人认为最主要的短板应该是城乡产业布局不均衡、发展重点不互补、产业融合程度不高 主要制约因素：顶层设计对乡引领性不强，虽然近几年规划为城乡融合发展指明了大方向，但在具体操作方面还存在一定不足，指导性不强。对城	一是优化现有市场机制，提高城乡产业发展资源要素流动性 二是推动城乡产业融合发展，提升乡村产业发展质量，缩小城乡产业发展差距	一是在于提升乡村产业竞争力和产业发展层次，这需要实施乡村科技创新驱动与乡村产业融合发展，加快乡村产业两化发展水平，缩短城乡产业差距 二是构建城乡融合发展平台，降低城乡发展信息不对称问题，推动乡村发展比较优势，实现城乡产业互补发展 未来发展趋势：城乡一体化，要素资源充分流动，城镇乡产业	产业融合是城乡融合发展的关键。应着力推动就业、资本、土地等生产要素配置效率，提升产业融合程度，在城乡融合发展中，推动乡村产业不断升级增值

续表

序号	单位	当前广州城乡融合发展最需迫切解决的问题	广州城乡融合发展面临的最主要的发展短板和制约	该如何选择广州城乡融合发展的重点和突破口	广州城乡融合发展的动力机制和发展趋势	广州城乡融合发展政策应重点关注哪些领域和环节
9	专家9	一是公共资源配置不合理 二是土地流转不畅 三是人力资源数量与质量较差 四是乡村文化保护和传承不足	乡融合发展各个环节研究不够深入和彻底，未能有效解决城乡融合发展过程中的"卡脖子"问题		发展各有特色，差异化、互补性和协同性共存	
10	专家10		一是基本公共服务标准差距较大 二是教育发展不均衡和卫生发展不均衡 三是农村人居环境治理不彻底	制定要素市场自由流动的政策制度，壮大农村集体经济，提升乡村发展水平	广州城乡融合发展的机制仍然需要城市化发展作为动力支撑，由城市化发展释放到农村的诸多红利辐射到农村，以推动广州城乡融合向纵深发展	一是积极创新城乡在人才、土地、资金等方面的制度安排 二是推动优质要素向农村流动 三是拓宽城乡教育一体化发展，优化教育布局。财政拨款、设备配置、教师配置等向农村学校倾斜，优质教师在城乡合理流动 四是城乡居民人均衡发展

续表

序号	单位	当前广州城乡融合发展最需要迫切解决的问题	广州城乡融合发展面临的最主要的发展短板和制约	该如何选择广州城乡融合发展的重点和突破口	广州城乡融合发展的动力机制和发展趋势	广州城乡融合发展政策应重点关注哪些领域和环节
11	专家11	一是农村劳动力就业问题。农地具有承载劳动力就业功能。城乡融合不可避免地造成农地数量的减少,弱质劳动力将面临就业难的困境。故关注弱质劳动力就业是城乡融合迫切需要解决的问题。二是宅基地确权交易问题。农村宅基地的市场流通难以解决城乡融合需要迫切解决的另一问题。只有农村房产和城镇房产享有相同的权利,适用于同一法律,才能实现宅基地的市场	一是老城区融合成本高企。拆迁融合成本高企。我国当前经济进入转型和放缓时期,房地产也同样进入常态化发展时期。以住如猎德村、杨基village这类大拆大建的城乡融合模式成本高昂,需要房地产企业和政府的大力投入,故难以为继。但现阶段白云区、番禺区等老城区仍存在大量城中村需要进一步融合。二是新城区融合模式结构单一。新城区如增城、从化、花都等	创新城乡融合发展模式,以产业圈带动城乡融合。城乡融合应该以市场化和产业化为重点。可以通过推动村庄自身的产业发展,根据当地产业和市场特色与需要,发展出适宜的城乡融合模式,如具有旅游资源的村庄,可以打造旅游小镇,饮食、购物产业协同推进,由此推动城乡融合	动力机制:城乡融合以经济发展为基础,缺乏经济的长足发展就缺乏城乡融合的动力。广州作为粤港澳大湾区的核心,必须以湾区产业发展为引擎,以经济发展带动城市发展完善和城乡融合 发展趋势:城乡融合的发展必然依托城市经济发展和规模扩展,鉴于当前经济发展进入平稳期,城乡融合也必然进入平稳发展期	一是以现代化新农村建设替代大拆大建式融合。当前大拆大建大规模的合模式不具备大规模的复制性。随着美丽乡村建设的普遍实施,接下来可以着手实现全面现代化农村建设的完善。除了基础设施的完善,还需要在教育资源和医疗资源上与城镇并轨 二是着力均衡城乡教育和医疗资源。城乡教育和医疗基础设施是城乡融合发展的差距一大桎梏。即使乡村基础设施可以与城镇相媲美,但教育和医疗融合发展的一大桎梏

附 "广州促进城乡融合发展的总体思路与战略研究"专家调查问卷整理

续表

序号	单位	当前广州城乡融合发展最需迫切解决的问题	广州城乡融合发展面临的最主要的发展短板和制约	该如何选择广州城乡融合发展的重点和突破口	广州城乡融合发展的动力机制和发展趋势	广州城乡融合发展政策应重点关注哪些领域和环节
11	专家11	流通。宅基地的市场流通能够大幅度促进农村人口的城市融入	地城郊仍存在大量村庄需要与城市相融合。以在融合模式无非政府征用和房地产投入式的大拆大建重新规划，但现阶段政府资金有限，愿意投人且有能力投入的房地产企业也极少，村庄内部升级融合的能力极低。因此，新城区的城乡融合很可能会进入长期缓慢推进阶段			广州城乡融合发展政策应重点关注的匮乏与落后依然导致大量劳动力放弃乡村而涌人城镇，很可能出现"现代化的空心村"，导致资源的极度浪费

续表

序号	单位	当前广州城乡融合发展最需迫切解决的问题	广州城乡融合发展面临的最主要的发展短板和制约	该如何选择广州城乡融合发展的重点和突破口	广州城乡融合发展的动力机制和发展趋势	广州城乡融合发展政策应重点关注哪些领域和环节
12	专家12	一是处理好农民和土地的关系 二是加快宅基地集中统一流转 三是构建村民利益共享机制 四是提升农村医疗硬件设施 五是农村人文重塑	一是农业现代化水平不高 二是城乡要素双向流动不畅 三是现代城镇体系与新农村建设双向对接不灵 四是城乡公共服务和社会治理水平差距过大 五是农村生态保护和环境治理力度不够大	一是落实集体土地所有权，构建村民利益共享机制 二是探索宅基地中转为公寓的可行性，让城市户籍人口在农村有长住之地，让村民盘活空心村宅基地并获得长期稳定收益	一是新型城镇化建设成为实施乡村振兴战略的外部动力，是乡村振兴战略的重要引力 二是农业农村改革成为实施乡村振兴战略的内部动力，是乡村振兴战略的重要推力 三是城乡融合发展机制通过将新型城镇化建设和农业农村改革有效关联，实现了外部动力与内源动力，城市引力与乡村推力的有机结合，会在乘数意义上形成实施乡村振兴战略的强大动力	一是要坚决破除体制机制弊端，推动城乡要素双向自由流动、平等交换 二是要推动新型工业化、信息化、城镇化、农业现代化同步发展，加快形成工农互促、城乡互补、全面融合、共同繁荣的新型工农城乡关系 三是要推动公共服务向农村延伸、社会事业向农村覆盖，加快推进城乡基本公共服务的标准化、均等化 四是要在构建城乡统一的建设用地市场、有序流动的人口迁徙制度、城

附 "广州促进城乡融合发展的总体思路与战略研究"专家调查问卷整理

续表

序号	单位	当前广州城乡融合发展最需要迫切解决的问题	广州城乡融合发展面临的最主要的发展短板和制约	该如何选择广州城乡融合发展的重点和突破口	广州城乡融合发展的动力机制和发展趋势	广州城乡融合发展政策应重点关注哪些领域和环节
12	专家12					乡普惠的金融服务体系等方面发力 五是要重视城乡融合发展中"人"的因素,充分挖掘各方潜力,凝聚加快发展的合力,形成政府强化责任、社会积极参与、城乡民众共同发力的良好格局

续表

序号	单位	当前广州城乡融合发展最需要迫切解决的问题	广州城乡融合发展面临的最主要的发展短板和制约	该如何选择广州城乡融合发展的重点和突破口	广州城乡融合发展的动力机制和发展趋势	广州城乡融合发展政策应重点关注哪些领域和环节
13	专家13	一是城乡要素流动体制机制有待进一步完善 二是城乡基础设施和基本公共服务区域发展不均衡	一是城市资源短缺和乡村资源开发利用不充分的矛盾 二是农村资源价值实现方面存在体制机制障碍	一是建立城乡人口有序迁徙制度 二是建立城乡基础设施一体化发展体制机制 三是建立生态产品价值实现机制 四是盘活农村土地资源	一是产业升级动力 二是空间演化动力 三是消费升级动力 随着生产力的发展和城乡融合的推进，生产社会化的程度将越来越高，发展起会带动农村经济实现城乡经济一体化	一是城乡要素流动 二是区域发展均衡 三是农村资源价值实现

续表

序号	单位	当前广州城乡融合发展最需迫切解决的问题	广州城乡融合发展面临的最主要的发展短板和制约	该如何选择广州城乡融合发展的重点和突破口	广州城乡融合发展的动力机制和发展趋势	广州城乡融合发展政策应重点关注哪些领域和环节
14	专家14	一是乡村环境规划问题。广州农村普遍缺乏有效规划，面临大量的城中村改造和环境整治任务，远离闹市的自然村落的道路交通、人居环境也需要系统规划整治。二是大量农村人口与就业不足的矛盾。我国长期以来农村以种植业为主，人均耕地面积小，农业产值低，难以满足广大农户致富的需求，同时其他产业发展薄弱，有效就业能力低下	一是乡村建设交通配套水平低，不利于吸引人们居住和工作。二是土地资源片化，带来规划建设协调难度大，不利于农业集约化经营。三是农村教育、医疗资源短板突出，不利于吸引优质产业发展和高素质人口进入	一是进行城乡协调规划，把现有城中村、自然村的城市建设规划与广州市城市建设整体融合，按各个区块有机规划建设，进行城乡有机规划建设，分别赋予各个乡村一定权重的居住、旅游、农业产业、其他产业功能，各个村按照其所承接的功能进行环境改造，挖掘居住功能、休闲功能、农业产业及其他产业功能，特别是要按照就业及周边居业的能力形成的居住需求，有针对性	城乡融合发展的动力机制是现有乡村在经济收入水平、就业吸纳能力、配套基础设施、交通便捷程度、教育医疗资源方面与城市相比有着巨大的差距，而通过合理功能规划，逐步消除这些差距是城乡融合发展的主要动力来源。未来，经过城乡融合发展，城市在基础设施配套、就业能力、配套教育医疗资源等方面还会维持较为明显的优势，但与乡村的差距会缩小，而大部分乡村会	一是注重农村生态产业的培育和发展，并能提升休闲餐旅功能。二是注重乡村的居住功能建设，要预留一定土地资源，根据实际情况进行开发建设，承接城市居民的居住性转移需求。三是注重通过科技和加大补贴力度来全面提升农业生产自动化，轻简化水平，让农业有效益，工作有吸引力

续表

序号	单位	当前广州城乡融合发展最需要迫切解决的问题	广州城乡融合发展面临的最主要的发展短板和制约	该如何选择广州城乡融合发展的重点和突破口	广州城乡融合发展的动力机制和发展趋势	广州城乡融合发展政策应重点关注哪些领域和环节
14	专家14	三是农业用地集约化程度低，带来农业产业自动化和轻简化水平难以有效提升，种植经济效益较低 四是农业产业科技含量低，效益低下带来土地耕种率下降的问题 五是农村教育、医疗配套水平低，对于人们的安居乐业形成刚性制约		地进行住宅、道路改造建设，建设美丽乡村 二是继续大力推进土地流转，使耕地成片连片，基本形成集中连片，为种植者提供有经济功能的土地面积，使种植者有机会通过农业获得与城镇就业相当或略高的收入 三是大力推进农业产业自动化水平建设，政府主导加大岭南特色农产品科技投入，同时提供为优惠的农机购置补贴和耕种直接补贴，	因就业导向人口逐步减少，实现就业人口的收入水平接近或超过城市人口，交通设施和生态环境进一步改善，并部分承担城市就业人口的居住需求。最终会形成城乡各具优势、利弊兼有，功能互为补充的良好态势，实现人口自主选择、双向合理流动	

附 "广州促进城乡融合发展的总体思路与战略研究"专家调查问卷整理　227

续表

序号	单位	当前广州城乡融合发展最需要迫切解决的问题	广州城乡融合发展面临的最主要的发展短板和制约	该如何选择广州城乡融合发展的重点和突破口	广州城乡融合发展的动力机制和发展趋势	广州城乡融合发展政策应重点关注哪些领域和环节
14	专家14			提升广州农业生产效率和产业竞争力,壮大农业产业,重点提升广州市鲜活蔬菜、肉类产品的保障水平		

续表

序号	单位	当前广州城乡融合发展最需迫切解决的问题	广州城乡融合发展面临的最主要的发展短板和制约	该如何选择广州城乡融合发展的重点和突破口	广州城乡融合发展的动力机制和发展趋势	广州城乡融合发展政策重点关注哪些领域和环节
15	专家15	各类生产要素城乡自由流动和平等交换仍然存在阻碍。（1）人才方面，由于收入和个人发展空间的城乡差距大，人才不愿下乡，不愿留乡问题依然突出。（2）资本方面，乡村发展仍主要靠政府投入，给省政府财政带来较大压力。由于农业产业周期长，风险大，金融资本趋利避害，难以有效流向农业农村。（3）土地方面，由于现规划编制和土地管理政策束缚，建设用地指标标准	一是都市现代农业产业体系发展效益有待进一步提高。（1）都市农业发展分散，集约程度低，附加值低，农地流转和规模经营力度不够。（2）缺少全国知名的枢纽型农业龙头企业和农产品品牌，龙头企业多从事农业生产加工，在实化农业与国运作，多元化农业与国内一流企业有很大差距。（3）乡村旅游、民宿等新业态存在遍地开花，一哄而上、低水平同质化问题，	广州城乡要在"六个融合"重点上发力。一是把城乡生产要素融合作为核心内容，重点在于实现土地、资本、人才、技术等城乡要素自由流动和平等交换。二是把城乡产业体系融合作为关键支撑，重点在于构建都市型现代农业融合的枢纽型产业体系。三是把城乡融合作为公共服务融合为基本	第一，广州城乡融合发展的动力在于深化农村各项改革。一是深化农村集体产权制度改革。二是深化农村土地制度改革。三是深化农村土地制度改革。四是完善城乡统筹规划土地管理政策。五是推进资本、科技、人才等其他生产要素市场化改革。六是完善城乡基本公共服务和基础设施的供给机制。第二，广州城乡融合发展趋势和目标建议如下。	广州城乡融合应重点关注以下领域和环节。一是推进城乡生产要素融合。努力破除妨碍城乡要素自由流动和平等交换的体制机制壁垒，促进各类生产要素更多由乡村流动，在乡村形成人才、土地、资金、产业、信息汇聚的良性循环。（1）推动建设用地要素向乡村流动。（2）推动城市资本要素向乡村流动。（3）推动城市人才和科技要素向乡村流动。二是推进乡村产业体系融合。（1）大力发展特色农业产业集群。（2）引进培育枢纽型的农业龙

附 "广州促进城乡融合发展的总体思路与战略研究"专家调查问卷整理

续表

序号	单位	当前广州城乡融合发展最需要迫切解决的问题	广州城乡融合发展面临的最主要的发展短板和制约	该如何选择广州城乡融合发展的重点和突破口	广州城乡融合发展的动力机制和发展趋势	广州城乡融合发展政策应重点关注哪些领域和环节
15	专家15	以在农村落地，农村集体经营性建设用地、宅基地改革推进缓慢，资源难以有效盘活，广州成为农村集体经营性建设用地入市试点已经超过10年，但只有1例成功案例，农村旧宅基地闲置形成空心村仍然常见。（4）科技成果转化激励机制不完善，与国内优质农业科研院所产学研合作不够紧密，科技成果转化不足，市属农业科学院所活力不足	发展品质和档次有待提升，与浙江、四川等地有不小的差距。二是农村公共服务质量有待提高。（1）农村公共服务总体水平仍有不小的差距，主要是教育、医疗、社保等政府兜底的基本公共服务，与城市相比种类有限，城乡生活性服务业发展不足，幼儿托管、学生辅导等多样化、市场化的公共服务有待加强。（2）部分工作尚处在养老居家服务等尚处在典型示范	合发展的应有之义，重点在于建立健全全民覆盖、普惠共享、城乡一体的基本公共服务体系。四是把城乡基础设施融合作为城乡融合发展的重要基础，重点在于实现城乡基础设施现代化。一规划、统一建设、统一管护。五是把城乡融合发展空间作为城乡融合发展的内在要求，重点在于统筹城乡发展空间，完善城乡布局结构，重塑城乡关系。六是把城乡治理体	（1）到2022年，城乡融合发展体制机制和政策体系基本建立，农村居民收入不断提升，土地、资本、人才、科技等要素自由流动，制度性通道打通，枢纽型都市现代农业加快发展，基本公共服务均等化水平稳步提高，基础设施建设全面达到美丽宜居乡村建设标准，乡风民风不断改善，乡村治理体系不断健全，在集体产权制度改革、农村土地制度改革等农村综合改革上率	广州城乡融合发展政策应重点关注哪些领域和环节头企业。（3）提升粤港澳大湾区"菜篮子"板块能级。（4）推动乡村新产业新业态向品质化高端化发展。（5）建立健全农业生产社会化服务体系。（6）千方百计促进农民增收致富三是推进乡村基本公共服务加快补齐农村公共服务短板的基础上，进一步提高公共服务的质量和水平，实现从无到有，从有到好的提升，不断满足农村居民的美好生活需要；保障乡村病有所医，推动乡村优教，学有优教

续表

序号	单位	当前广州城乡融合发展最需迫切解决的问题	广州城乡融合发展面临的主要发展短板和制约	该如何选择广州城乡融合发展的重点和突破口	广州城乡融合发展的动力机制和发展趋势	广州城乡融合发展政策应重点关注哪些领域和环节
15	专家15		阶段，有待进一步全面铺开，提高普惠程度。（3）农村公共服务进一步提升存在经费、人才后继乏力的问题。三是农村基础设施还存在一些短板。（1）如农村冷链物流、5G等设施仍不完善，农田水利设施、小水库、小堤防存在年久失修问题。（2）现有设施的日常管养缺乏可持续有人管、或者短期有人管、长期没人管问题仍然存在	系和治理能力融合作为城乡融合发展的重要保证，重点在于推进乡村治理体系和治理能力现代化	先取得突破（2）到2025年，城乡融合发展体制机制更加完善，城乡发展差距和居民生活水平差距大幅缩小，土地、资本、人才、科技等城乡要素基本实现自由流动，枢纽型都市现代农业体系逐渐成型，城乡统一建设用地市场初步形成，城乡普惠金融服务体系全面建成，基本公共服务均等化基本实现，农村人居环境靓丽宜居，特色鲜明，乡风文明显著提升，乡村治	良医；促进乡村文化繁荣；完善乡村社保体系。四是推进乡村基础设施融合。要加快推动乡村基础设施提档升级，提高农村基础设施建设、运行质量和效率，推动"两新一重"等新型基础设施向农村覆盖，探索建立基础设施长效管养机制，推进城乡基础设施一体化发展。加快补齐农村基础设施短板；推动现代化农村基础设施向农村覆盖；建立城乡基础设施一体化管护机制

续表

序号	单位	当前广州城乡融合发展最需要迫切解决的问题	广州城乡融合发展面临的最主要的发展短板和制约	该如何选择广州城乡融合发展的重点和突破口	广州城乡融合发展的动力机制和发展趋势	广州城乡融合发展政策应重点关注哪些领域和环节
15	专家15				（3）到2035年，各项改革取得显著成果，城乡融合发展体制机制更加成熟定型，农村居民人均收入迈上新的台阶，城乡居民收入差距显著缩小，建成高水平的枢纽型现代都市农业体系，农业现代化、智能化、信息化、数字化，农村基本公共服务质量和均等化水平达到新高度，乡风文明达到新高度，乡村治理体系和治理能力显著提升，农业农村现代化基本实现	五是推进城乡发展空间融合。推进城乡空间一体规划；精心建设城乡融合载体；提升乡村环境品质　　六是推动城乡治理体系和治理能力现代化。确保在推动城乡融合发展中始终把握全局，协调各方，充分发挥党组织领导核心作用，完善组织成立堡垒组织战斗堡垒作用，完善基层党组织领导、基层群众自治组织、法治、德治相结合的乡村治理体系，为城乡融合发展提供坚强政治保障。加强组织领导，加强农村基层党组织建设；完善乡村治理体系

续表

序号	单位	当前广州城乡融合发展最需迫切解决的问题	广州城乡融合发展面临的最主要的发展短板和制约	该如何选择广州城乡融合发展的重点和突破口	广州城乡融合发展的动力机制和发展趋势	广州城乡融合发展政策应重点关注哪些领域和环节
15	专家15				本实现,农业成为有奔头的产业,农民成为有吸引力的职业,农村成为安居乐业的美丽家园	

续表

序号	单位	当前广州城乡融合发展最需要迫切解决的问题	广州城乡融合发展面临的最主要的发展短板和制约	该如何选择广州城乡融合发展的重点和突破口	广州城乡融合发展的动力机制和发展趋势	广州城乡融合发展政策应重点关注哪些领域和环节
16	专家16	一是城乡教育资源配置仍然不均衡，特别是优质教育资源在城乡之间的布局存在较大问题 二是城乡医疗卫生服务体系不均衡，特别是乡村公共卫生体系不健全的问题仍较严重 三是昆然广州市在城乡户籍改革上取得巨大进展，但原有基于户籍的社会福利、社会保障方面的待遇差距仍然较大 四是城乡基础设施建设存在较大差距，特	最主要的短板在于乡村公共基础设施、教育以及卫生资源差距较大，严重制约了农村地区的发展	一是解决发展的财政投入及财政投入的引导机制问题 二是需要解决对乡村投入后形成的各种公共基础设施等运行维护的资金保障和制度安排的长效机制问题 三是在未来需要关注和重点培育相关社会资本的能力、意愿，特别是有积极性参与包括对乡村公共基础设施建设的各种投资	动力机制来源于，广州市能否消除阻碍城乡一体化大市场形成的不利因素，能否消除阻碍城乡各种要素便捷、低廉和无所有制歧视的流动 未来的发展趋势较为乐观。因为只有城乡一体化大市场的建立，才可能可持续地推动城乡发展。这可能将是倒逼机制作用的发挥	一是城乡融合发展顶层设计与基层运作的协调性 二是城乡融合融资体制统一规划（国土空间规划）能否真正实施 三是消除投融资体制中乡村板块的育肠领域和空白地段

续表

序号	单位	当前广州城乡融合发展最需迫切解决的问题	广州城乡融合发展面临的最主要的发展短板和制约	该如何选择广州城乡融合发展的重点和突破口	广州城乡融合发展的动力机制和发展趋势	广州城乡融合发展政策应重点关注哪些领域和环节
16	专家16	别在人居环境、用水、如厕等方面，还有较大空间需要缩小				

附 "广州促进城乡融合发展的总体思路与战略研究"专家调查问卷整理

续表

序号	单位	当前广州城乡融合发展最需要迫切解决的问题	广州城乡融合发展面临的最主要的发展短板和制约	该如何选择广州城乡融合发展的重点和突破口	广州城乡融合发展的动力机制和发展趋势	广州城乡融合发展政策应重点关注哪些领域和环节
17	专家17	第一，在教育方面，要建立教育资源均衡配置的机制。教育公平是社会公平的重要基础，要优先发展农村的教育事业，促进各类教育资源向乡村倾斜，建立以城带乡、城乡一体、均衡推进的义务教育发展机制，用教育公平促进整个社会的公平正义。第二，在医疗卫生服务方面，要健全乡村医疗卫生服务体系。建立和完善相关的政策制度，统筹加强对乡村卫生人	一是农民进城的门槛依然很高。特别是城市的子女教育、住房等因素，在一定程度上限制了农民定居城市的选择。二是分析城乡金融市场当前现状可以了解，资金缺乏有效的双向流动。因此当前土地制度，尚未在农村土地市场环境下针对合理进入城市资本创建相应的机制。三是土地财政以及城乡二元土地市场对扩展城市进程产生了一定	一是对农业转移人口市民化机制予以改进和完善。在具体实施过程中，可以取消当前限制人口不足300万人地区落户政策规定，在公共服务方面，引导城中（郊）村居民和持有居住证者得到相和待遇。二是创建人才入乡激励机制。在具体实施中，社会保障与财政等方面人手，制定相应的激励政策，加强对各类人才的吸引力度。与此同时，可实施"三支一扶"、大学	一是在制定差异化城乡融合发展机制的过程中，注意将一核一带一区格局考虑在内，以便保证机制的合理性。二是落实机制方面，可将都市圈作为首要实现区域。三是制定美丽小城镇长效健康发展机制。四是对村改社区管理制度予以优化。五是对城乡统筹规划制度予以改进和完善	一是补齐城市公共卫生短板。在具体实施过程中，可在建立健全评估、研判公共卫生重大风险机制和疾病预防控制体系的同时，对重大疫情应急处置、救治机制和储备重要物资予以完善，并注意城市公用设施予以完善。主要包括建立健全交通系统、公交专用道和城市路网系统等。在基础设施方面，可适当增加便民设施如社区如社区球场、停车场等，健全市区排水防涝设施和市政管网，注意及时对其进行检

续表

序号	单位	当前广州城乡融合发展最迫切解决的问题	广州城乡融合发展面临的最主要的发展短板和制约	该如何选择广州城乡融合发展的重点和突破口	广州城乡融合发展的动力机制和发展趋势	广州城乡融合发展政策应重点关注哪些领域和环节
17	专家17	才和医疗卫生服务设施的建设，通过鼓励县医院和乡村卫生所的建立，医疗共同体，鼓励城市大医院对口帮扶或者发展远程医疗来缓解农村居民的看病难、看病贵的问题。第三，在文化方面，创建城乡公共文化服务体系，利用该体系为文化队伍建设、布局相关设施等奠定基础，促使农村资源获得更多的文化资源、服务的适用性与覆盖面也会得到提升。在此过程中，无论	刺激，在人口和土地城镇化方面，后者快于前者，严重影响了土地利用率，导致城镇化发展成果未能切实落实到所有农民身上，不均衡的城乡发展问题日益严峻	生村官等行动，对相关专业学生从事支农工作予以鼓励和支持。此外，为方便于返乡人员的发展，可以针对此类人员制定相应的落户政策，并支持各类人才加入农村集体经济组织，满足乡村地区人才方面的需求，得到人才方面的支持 三是对农村土地制度予以改进和完善，对整合整治承包地现象给予支持，同时引导规范有序流转农村承包土地经营权，对于未发放抛		修，以便保证其正常使用。在养老教育方面，可扩大普惠性养老，同时供给更多托育服务与幼儿园。在健康方面，可积极发展全面健康提升工程、全面健身保障工程等 三是在信息时代背景下，开展新型智慧城市行动。一方面，可以对城市数字化感知系统与管理平台进行改进和完善，织密数据网络，打通社区末端；另一方面，对交通运输、公共安全等方面的数据资源与信息系统进行整合。为了保证智能响应类

续表

序号	单位	当前广州城乡融合发展最需要迫切解决的问题	广州城乡融合发展面临的最主要的发展短板和制约	该如何选择广州城乡融合发展的重点和突破口	广州城乡融合发展的动力机制和发展趋势	广州城乡融合发展政策应重点关注哪些领域和环节
17	专家17	是城市还是乡村，均能得到更适宜的、更丰富的文化服务，从而满足对文化服务的基本需求。第四，对城乡社保制度予以改进和完善。对于城乡居民而言，养老保险和医疗保险直接影响自身晚年生活质量和身体健康，对二者应予以关注。因此，可以通过积极发展相关社保制度改革社会保险的方式获得制度并轨，标准统一的政策制度，以便发挥其在调节社会收入分配和保障人民生活等方面的作用		荒地的耕地，可给予保护补贴。在农房财产权和宅基地使用权方面，对合法并入农民专业合作社管理方式予以鼓励，且在补偿妥当后，管理妥当后，允许农民结合自身需求和意愿退出废弃集体公益性建设用地、闲置宅基地的使用权，根据国家当前规定将其纳入经营性用途入市		广州城乡融合发展事件速度，可在运行一网统管的同时，将一网通办政务服务落实到位四是及时更新城市。经过不断发展，老旧厂区成为影响城市的因素之一，因此可通过健全公共服务配套和基础设施的方式对其进行改造，同时积极发展社区便民服务。不仅如此，也可选择发展工业旅游与活化工业遗产的方式改造老旧厂区，将工业锈带发展为文化旅游场

续表

序号	单位	当前广州城乡融合发展最需要迫切解决的问题	广州城乡融合发展面临的最主要的发展短板和制约	该如何选择广州城乡融合发展的重点和突破口	广州城乡融合发展的动力机制和发展趋势	广州城乡融合发展政策应重点关注哪些领域和环节
17	专家17					广州城乡融合发展政策应重点关注哪些领域和环节，如双创空间等，同时引导古城古街、商业步行街等发展为市民升级消费重要载体。这种发展方式有利于发挥出老旧厂区优势，呈现其特点，从而发展为新型文旅商业消费聚集地。此外，在政府引导下，实现农村集体与工商资本深度合作，并通过更新改造试点的方式强化人居环境质量，有效提高城市品质

续表

序号	单位	当前广州城乡融合发展最需要迫切解决的问题	广州城乡融合发展面临的最主要的发展短板和制约	该如何选择广州城乡融合发展的重点和突破口	广州城乡融合发展的动力机制和发展趋势	广州城乡融合发展政策重点关注哪些领域和环节
18	专家18	一是加快城乡融合步伐。要加速城乡之间资本、土地、劳动力等资源的双向有效流动，实现其最大价值。二是农民实现应有的土地价值。高效利用现有土地资源，进行确权颁证，进入市场交易	一是城乡基本公共服务差别化比较大。文化教育资源特别是优质教育资源被城市挤占；农村居民社保障、医疗保障水平远远低于城市居民。二是城乡居民收入水平差距大。由于农村居民收入水平受限，导致消费水平不高，也不利于刺激内需。三是农村信息化水平有待加强。由于信息不畅，会影响到偏远北部山区农民接收农业科学种植及时信息，也会影响其农产品销售	一是大力推动人才下乡。制定系列激励政策，吸引各类人才到农村去支农传授科学种植知识，从而增加农民收入。二是提高城乡资源要素流动性。实现土地增值，劳动力充分就业，缩小城乡发展差距。三是全面推动乡村庄产业发展，根据自身产业特色和资源优势，打造旅游特色小镇，或网红打卡地，增加农民收入	动力机制：一是农村需要城市的资金、技术、人才、信息等支撑。二是城市需要农村的土地资源、劳动力、优美环境等资源支持 发展趋势：城乡信息互联互通；城乡差距缩小；公共服务水平差距会越来越小	一是智慧城市建设。健全城市化数字化智能平台建设，从城市到社区实行数据网格化管理，加强城乡信息和数据资源共享 二是加强土地和人才储备。有吸引人才好政策，土地资源要进一步整合，盘活农村建设用地，建设用地指标上向农村倾斜 三是做大做强数字化产业化特色产业，推动农业数字化产业化发展，推动乡村产业不断升级 四是加强农村生态环境建设与保护，建设美丽乡村。加强农村生态环境保护是广州新时期生态环境保护工作的重中之重

参考文献

1. 《马克思恩格斯全集》，人民出版社 1975 年版。
2. 白雪秋、聂志红、黄俊立等：《乡村振兴与中国特色城乡融合发展》，国家行政学院出版社 2018 年版。
3. 北京市农研中心集体经济体制改革 40 年研究课题组——吴宝新、熊文武、陈雪原、王洪雨：《以乡村集体经济为主导实施特大城市郊区乡村振兴战略》，《财经智库》2019 年第 4 期。
4. 曹宗平、李宗悦：《乡村振兴战略：认识偏差与推进路径》，《华南师范大学学报》（社会科学版）2020 年第 2 期。
5. 陈鸿宇：《城乡一体化与新型城市化》，广州出版社 2013 年版。
6. 陈明星：《积极探索城乡融合发展长效机制》，《区域经济评论》2018 年第 3 期。
7. 陈荣卓、李梦兰：《城乡关系视域下撤村并居社区的融合性治理》，《江汉论坛》2018 年第 3 期。
8. 陈少英：《广州城乡一体化与城乡差距矛盾共存》，《现代经济信息》2016 年第 19 期。
9. 陈锡文：《统筹城乡发展是一个制度创新和改革的过程》，《农村工作通讯》2004 年第 11 期。
10. 陈泳：《习近平农村基本经营体制改革思想及其基本方略》，

《管理学刊》2018 年第 1 期。

11. 邓亚莉、张学艺：《打造美丽宜居示范村　建设乡村振兴示范区》，《中共乐山市委党校学报（新论）》2020 年第 1 期。

12. 董巧平：《加快村镇建设的路径探索》，《中共山西省委党校学报》2018 年第 2 期。

13. 高海：《农民专业合作社法的改进与完善建议》，《农业经济问题》2018 年第 5 期。

14. 高鸣、芦千文：《中国农村集体经济：70 年发展历程与启示》，《中国农村经济》2019 年第 10 期。

15. 顾益康：《实施乡村振兴战略的创新路径与改革举措》，《浙江经济》2018 年第 3 期。

16. 《广东省建立健全城乡融合发展体制机制和政策体系的若干措施》，2020 年。

17. 《广东省实施乡村振兴战略规划（2018—2022 年）》，2019 年。

18. 《广州市乡村振兴战略规划（2018—2022 年）》，2019 年。

19. 郭书田、夏宽众：《积极创造条件促进农村劳动力转移》，《中国农村经济》1987 年第 12 期。

20. 郭晓鸣、张克俊主编：《成都统筹城乡经验、挑战与发展选择》，四川人民出版社 2011 年版。

21. 《国务院关于促进乡村产业振兴的指导意见》，2019 年。

22. 韩立雄：《基于乡村振兴战略的"三农"问题解决对策》，《安徽农业科学》2019 年第 11 期。

23. 韩文龙：《以城乡融合发展推进农业农村现代化》，《红旗文稿》2019 年第 1 期。

24. 郝立东：《打造城乡融合发展示范区，助力乡村振兴伟业》，《新时代学刊》2018 年第 1 辑（总第 1 卷）。

25. 何育贤、张海波、刘艳新、蔡利德：《粤港澳大湾区城乡融合发展路径探析》,《中国农业会计》2019年第12期。
26. 贺雪峰:《城乡关系视野下的乡村振兴》,《中南民族大学学报》(人文社会科学版) 2020年第2期。
27. 华正学:《试论"四个全面"战略布局对中国共产党反贫困实践的新谋划》,《农业经济》2018年第1期。
28. 江泽林:《农业现代化、城镇化与城乡融合发展》,中国社会科学出版社2018年版。
29. 姜长云:《建立健全城乡融合发展的体制机制和政策体系》,《区域经济评论》2018年第3期。
30. 姜长云:《推进农村一二三产业融合发展新题应有新解法》,《中国发展观察》2015年第2期。
31. 李东生:《超大城市实施乡村振兴战略研究——以广州市为例》,《农业农村部管理干部学院学报》2019年第3期。
32. 李东生:《城乡融合发展视野下超大城市推进乡村振兴战略的路径研究——以广州市为例》,《中国集体经济》2020年第21期。
33. 李恒宇:《行稳致远走好"三条路" 率先实现城乡融合示范区——阳泉市郊区经济社会发展综述》,《前进》2019年第7期。
34. 李慧静:《赤峰市农村集中式饮用水水源地环境现状及保护对策简析》,《建筑工程技术与设计》2015年第29期。
35. 李英、贾连奇、张秋玲、简保权、李旖:《关于加快城乡融合发展推动乡村建设的思考》,《中国农学通报》2020年第2期。
36. 李泉:《中外城乡关系问题研究综述》,《甘肃社会科学》2005年第4期。
37. 李霰菲:《推进乡村产业兴旺的若干思考——以福建省福安市为例》,《宁德师范学院学报》(哲学社会科学版) 2019年第 12 期。

38. 李香云：《城乡供水一体化发展战略模式探讨》，《水利发展研究》2019 年第 12 期。

39. 厉以宁：《二元经济结构和城乡协调发展》，《科技与企业》2004 年第 2 期。

40. 刘彦随：《中国新时代城乡融合与乡村振兴》，《地理学报》2018 年第 4 期。

41. 刘义圣、陈昌健、张梦玉：《我国农村集体经济未来发展的隐忧和改革路径》，《经济问题》2019 年第 11 期。

42. 欧万彬：《"城乡融合发展"的时代特征与发展逻辑》，《北方论丛》2019 年第 4 期。

43. 欧万彬：《新时代城乡融合发展的内涵解读与实践要求》，《北方论坛》2020 年第 3 期。

44. 邱联鸿：《乡村振兴战略下高质量制度供给问题研究》，《新疆农垦经济》2019 年第 6 期。

45. 饶凤艳：《乡村振兴视角下珠三角边缘区农村空心化现象及其治理探讨：以肇庆市广利镇砚州村为例》，《农村实用技术》2018 年第 8 期。

46. 舒展、罗小燕：《新中国70 年农村集体经济回顾与展望》，《当代经济研究》2019 年第 11 期。

47. 宋迎昌：《城乡融合发展的路径选择与政策思路——基于文献研究的视角》，《城市研究》2019 年第 1 期。

48. 谭秋成：《农村集体经济的特征、存在的问题及改革》，《北京大学学报》（哲学社会科学版）2018 年第 3 期。

49. 唐丽桂：《农民专业合作社发展中的不规范现象研究》，《重庆社会科学》2019 年第 2 期。

50. 仝志辉、陈淑龙：《改革开放40 年来农村集体经济的变迁和未来发展》，《中国农业大学学报》（社会科学版）2018 年第 6 期。

51. 涂圣伟:《中国乡村振兴的制度创新之路》,社会科学文献出版社 2019 年版。

52. 王英:《浅析霍华德的田园城市理论》,《潍坊学院学报》2011 年第 11 卷第 1 期。

53. 王乐君、寇广增:《促进农村一二三产业融合发展的若干思考》,《农业经济问题》2017 年第 38 期。

54. 王亮成、张麦秋:《提升湘赣边区乡村振兴示范区农村基层党组织组织力的策略与途径》,《农家参谋》2019 年第 12 期。

55. 王梦奎:《关于统筹城乡融合发展问题》,《求是》2004 年第 5 期。

56. 王思彤、高萍萍:《全面建成小康社会认定办法的思考与建议》,《统计科学与实践》2018 年第 1 期。

57. 王伟光主编:《中国城乡一体化》,社会科学文献出版社 2010 年版。

58. 王文彬:《基于资源流动视角的城乡融合发展研究》,《农村经济》2019 年第 7 期。

59. 王阳、左向宇:《广州实施乡村振兴战略要在推进城乡融合发展上求突破、创品牌》,《广东经济》2018 年第 8 期。

60. 王幽:《农村集体经济发展的问题及对策建议——以广州市花都区为例》,《中国集体经济》2016 年第 33 期。

61. 吴奇修:《不忘初心牢记使命 扎实推进乡村振兴》,《当代农村财经》2019 年第 9 期。

62. 武雨田:《乡村振兴战略实施的具体路径研究》,《现代营销》(信息版)2020 年第 2 期。

63. 肖坚:《改革开放 40 年来中国农村居民收支与生活水平研究》,《牡丹江师范学院学报》(哲学社会科学版)2018 年第 10 期。

64. 肖坚、邹运明：《新世纪以来农村居民收支与生活水平研究——基于江西省2000—2017 年的数据》，《江西广播电视大学学报》2018 年第 9 期。

65. 徐同文：《城乡一体化体制对策研究》，人民出版社 2011 年版。

66. 杨建利、邢娇阳：《我国农村产业融合发展研究》，《中国农业资源与区划》2017 年第 38 期。

67. 叶兴庆、程郁、赵俊超、宁夏：《"十四五"时期的乡村振兴：趋势判断、总体思路与保障机制》，《农村经济》2020 年第 9 期。

68. 易赛键编著：《城乡融合发展之路:重塑城乡关系》，中原农民出版社 2019 年版。

69. 詹慧、史纯纯、苗慧、佘雨欣：《乡村振兴战略下"创客 + 农产品"发展模式的研究——以怀远县淮西现代农业示范区为例》，《商场现代化》2019 年第 3 期。

70. 张红宇、陈良彪、胡振通：《构建农业农村优先发展体制机制和政策体系》，《中国农村经济》2019 年第 12 期。

71. 张雪、周密、黄利、赵晓琳：《乡村振兴战略实施现状的评价及路径优化——基于辽宁省调研数据》，《农业经济问题》2020 年第 2 期。

72. 张永岳、孙斌艺：《城乡一体化联动发展研究》，华东师范大学出版社 2015 年版。

73. 赵勇：《城乡良性互动战略》，商务印书馆 2004 年版。

74. 《中共广东省委 广东省人民政府关于推进乡村振兴战略的实施意见》，2018 年。

75. 《中共广州市委 广州市人民政府关于推进乡村振兴战略的实施意见》，2018 年。

76. 《中共中央　国务院关于建立健全城乡融合发展体制机制和政策体系的意见》，2019 年。
77. 《中共中央　国务院关于实施乡村振兴战略的意见》，2018 年。
78. 周琳琅：《统筹城乡发展》，中国经济出版社 2005 年版。
79. 朱名宏、郭艳华主编：《广州蓝皮书：广州城乡融合发展报告》（2020），社会科学文献出版社 2020 年版。
80. 朱名宏、郭艳华主编：《广州蓝皮书：广州农村发展报告（2019）》，社会科学文献出版社 2019 年版。
81. 宗锦耀：《扎实推进农村一二三产业融合发展》，《农产品市场周刊》2018 年第 2 期。

后　　记

　　本书是依托 2020 年广州市社会科学院重大课题"广州促进城乡融合发展的总体思路与战略研究"（编号：20ZD005），通过继续深化研究及修改完善形成的。为更好完成本书，我们开展了深入的调查研究。在广州市开展的调研有：2020 年 4 月，赴海珠、番禺、天河、荔湾、白云、南沙、黄埔、花都、增城、从化 10 个区开展城乡产业融合发展调研，与各区农业部门进行面上座谈，现场参观和实地考察都市农业典型企业；2020 年 5 月，赴增城、肇庆开展农业产业化调研；2020 年 6 月，赴白云区调研广州市大型农业流通企业，赴湖南、衡阳调研农村内循环；2020 年 7 月，赴花都、增城、从化区开展城乡有序流动的人口迁徙制度、农村集体经营性建设用地入市、完善农村产权抵押担保权能、搭建城乡产业协同发展平台、搭建城中村改造合作平台等相关政策体系调研；2020 年 8 月，赴从化区、花都区开展花卉产业调研；2020 年 9 月，赴广州国家现代农业产业创新中心调研，赴深圳、惠州、重庆、成都开展调研，学习国内先进城市促进城乡融合发展的先进做法与实践探索；2020 年 10 月，赴广州市农业科学研究院开展农业科技创新和种业发展调研，赴黄埔区新龙镇开展数字乡村调研。

　　2020 年 7 月 24 日，组织召开"实施乡村振兴战略，促进城乡融合发展"学术论坛，充分听取专家学者及政府相关职能部门对推进广州市城乡融合发展的思路与建议。

为更好完成本书，选取广州地区18位对城乡融合发展有较深入研究的专家，就城乡融合发展的一些关键问题开展问卷调查，并对问卷调查结果进行分析，为本书提供基础性支撑。

全书分为九章，另附一个问卷调查内容汇总表。其中，第一章由尹绣程撰写，第二章、第三章、第四章、第九章由邱志军撰写，第五章由周兆钿撰写，第六章由郭艳华撰写，第七章由阮晓波、郭艳华撰写，第八章由阮晓波撰写。在进行本书写作过程中，郭艳华担任课题组组长，负责统筹协调、课题设计、调研组织、审核把关等，研究团队开展多次讨论及调研；周晓津研究员贡献了思路与智慧；江彩霞、尹绣程、邱志军负责联络专家，发放、回收调查问卷及处理分析；尹绣程整理和撰写了项目调查研究报告，但由于本书篇幅有限，未能附上。邱志军负责全书文稿校对与出版社联络等工作。感谢农村研究所全体同仁的辛勤付出，感谢院科研处的大力支持与帮助。由于水平有限，书中难免存在错漏，请读者批评指正。

2022年5月18日